U0934970

世界高端文化珍藏图鉴大系

天然宝物

蜜蜡收藏与鉴赏

BEESWAX

任泉溪 / 主编

中国人口出版社
China Population Publishing House
全国百佳出版单位

图书在版权编目（CIP）数据

天然宝物：蜜蜡收藏与鉴赏 / 任泉溪主编 . — 北京：中国人口出版社，2020.11

（世界高端文化珍藏图鉴大系）

ISBN 978-7-5101-6862-8

Ⅰ . ①天… Ⅱ . ①任… Ⅲ . ①琥珀—收藏—图集②琥珀—鉴赏—图集 Ⅳ . ① G262.7-64 ② TS933.23-64

中国版本图书馆 CIP 数据核字 (2020) 第 083654 号

天然宝物：蜜蜡收藏与鉴赏

TIANRAN BAOWU：MILA SHOUCANG YU JIANGSHANG

任泉溪　主编

责任编辑：魏志国
排版制作：文贤阁
出版发行：中国人口出版社
印　　刷：北京市松源印刷有限公司
开　　本：787 毫米 ×1092 毫米　1/16
印　　张：15
字　　数：284 千字
版　　次：2020 年 11 月第 1 版
印　　次：2020 年 11 月第 1 次印刷
书　　号：ISBN 978-7-5101-6862-8
定　　价：128.00 元

网　　址：www.rkcts.com.cn
电子信箱：rkcts@126.com
总编室电话：（010）83519392
发行部电话：（010）83530609
传　　真：（010）83519401
地　　址：北京市西城区广安门南街 80 号中加大厦
邮　　编：100054

前言
Preface

蜜蜡是由远古树木的树脂演变而成的有机宝石，我国古人对蜜蜡的评价是“色如脂，光如蜡”，这短短六个字就言简意赅地道出了蜜蜡的外观特点。和玉石、水晶等宝石相比，蜜蜡的手感柔和、外观温润，有一种内敛、深沉的感觉，与我国人民的传统审美非常契合。

从古至今，蜜蜡一直深受世界各地的皇室、贵族、收藏家、普通民众的喜爱，蜜蜡不仅被制作成装饰品，更因为具有传说中的神秘力量而获得了一致的推崇和赞扬。在历史上，许多皇族都使用蜜蜡制作饰物，许多宗教更是将蜜蜡加持成圣物，蜜蜡令佩戴者与珍藏家得到了无比的好运和财富。

从 21 世纪初开始，在全球范围内掀起了蜜蜡收藏的热潮，蜜蜡价格因此迅速攀升。伴随着蜜蜡收藏市场的火爆，许多伪造和仿冒的蜜蜡涌现在市场上，迷惑了收藏者的视线，扰乱了市场的秩序，让很多刚刚涉足蜜

蜡收藏的朋友手足无措。本书编撰的目的，就是让读者朋友了解蜜蜡的专业知识。在本书当中，我们对蜜蜡的形成和产地、类型和用途都进行了详细的介绍，还对蜜蜡的鉴别和选购、投资都进行了一一的解析。

温和细腻、润若凝脂的蜜蜡是大自然给人类的馈赠。蜜蜡之美始于内在，细细抚摸，蜜蜡周身散发着的恬淡气息更是让人心神宁静。由于编者水平有限，书中难免会有不尽如人意之处，还希望广大藏友和读者朋友批评指正。

目录

前世今生：蜜蜡的形成与产地 / 001

多彩蜜蜡：蜜蜡的类型和功用 / 012

慧眼识真：蜜蜡的鉴别判断 / 025

前世今生：蜜蜡的形成与产地

蜜蜡的简介

蜜蜡和琥珀的成分差不多是一样的，琥珀通常是透明的，蜜蜡则可以用“色如蜜，光如蜡”来形容。民间流传着“千年琥珀，万年蜜蜡”的传说。当然，千年和万年都只是一个说法，并不是指具体的时间，这句话的意思是蜜蜡的形成时间要比琥珀更长。

蜜蜡手串

从形成年代来看，针叶树木的树脂经过 4000 万年至 6000 万年的地质埋藏，最终形成了树脂化石——琥珀。蜜蜡经历的时间更久，内部的成分出现了进一步的变化，故而带有了蜡状的光泽和质感。蜜蜡的形成时间超过亿年，产量相比琥珀更少，因而价值更高。

蜜蜡手串

带皮蜜蜡

蜜蜡和琥珀最著名的产地是欧洲，这里的地质条件最适合蜜蜡的形成。波罗的海沿岸很早就有出产蜜蜡的记载，故而成为传统的蜜蜡产地。中东地区也出产珍奇蜜蜡，比如伊朗、阿富汗等地区，另外，缅甸、巴基斯坦等地也有蜜蜡出现。不同地区的蜜蜡在矿物组成上区别甚大，这直接影响了蜜蜡的色彩和光泽，也让蜜蜡变得更加丰富多彩。

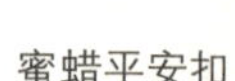

蜜蜡平安扣

蜜蜡的形成

距今 4000 万到 1 亿年的始新世和白垩纪时期，针叶植物（如松柏和枫树）在地球上茂盛地繁衍着。针叶树木会分泌脂液，在某一地质时期受到外界的强烈刺激，树木分泌大量液体并且落到地上，随着地质层变动最终埋藏到了地底，经历了地层的压力和热力作用之后，那些分泌的液体就变成了蜜蜡矿。

蜜蜡手串

蜜蜡棒

蜜蜡单颗珠子

经过地质学的研究，最终确定蜜蜡最早形成于距今 1 亿年左右的白垩纪，出现的最晚时间是距今 2000 万年左右的中新世，而中新世形成的蜜蜡往往硬度不够（多米尼加蜜蜡便是中新世出现的蜜蜡）。后来因为针叶林剧减，而且石化时间的缩短，加上地层运动渐渐稳定，蜜蜡的产生便日渐减少。

蜜蜡坠子

蜜蜡手串

蜜蜡手串

蜜蜡的产地

欧洲蜜蜡

地球上出产蜜蜡的主要区域包括：俄罗斯、德国、波兰、英国、法国、罗马尼亚、意大利的西西里岛以及美国的新泽西州、怀俄明州、阿拉斯加州。另外，日本、印度也出产部分蜜蜡。

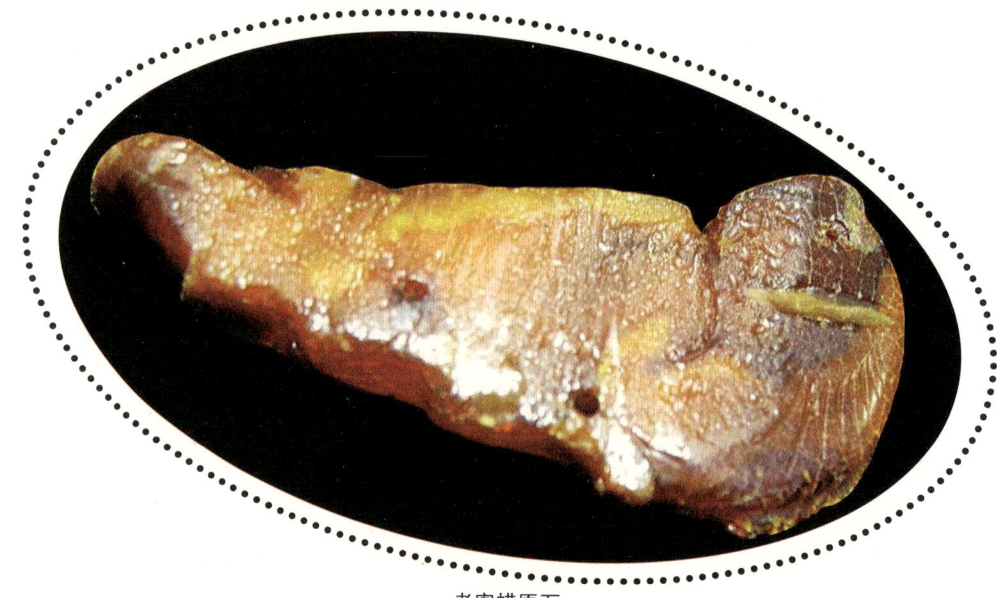

老蜜蜡原石

波罗的海的地质构造是半内陆海，沿岸的国家有 9 个，分别是丹麦、瑞典、芬兰、俄罗斯、波兰、德国、爱沙尼亚、拉脱维亚、立陶宛。波罗的海出产的蜜蜡是世界公认品质最佳的，琥珀酸含量较高，世界上近 90％的蜜蜡都来源于此。其中出产蜜蜡质量最好的国家是波兰。

波罗的海出产的蜜蜡质地细腻，晶莹剔透，色彩多种多样。部分波罗的海蜜蜡经过加热可以成为顶级蜜蜡，而其他产地的蜜蜡通常经过处理也无法达到这种效果。

丹麦是世界上最早发现蜜蜡的国家。波罗的海海滨蜜蜡矿中常常可以发现精品蜜蜡，其中约 20% 的蜜蜡能够用来制作装饰品。

波兰一直享有“蜜蜡之都”的美称。波兰的位置在中欧东北部，北濒波罗的海，有 528 千米的海岸线。波兰境内加工蜜蜡的工厂通常在北方，主要集中于格但斯克市。格但斯克位于波罗的海南岸的海湾内，属于港口城市，也是波兰的历史文化名城，是世界上出产蜜蜡工艺品的主要地区。这里的蜜蜡制品工艺高超，造型精美，引领了世界潮流。

丹麦蜜蜡手串

波兰蜜蜡手串

俄罗斯蜜蜡

俄罗斯有世界上最大的蜜蜡矿储量，总储量占世界总量的 90%，年产量在 600~700 吨，一半的蜜蜡制作宝石，另一半则用于工业原料和医药。波罗的海蜜蜡产量最大的地区是俄罗斯的加里宁格勒，这块区域曾经是普鲁士的领地。

加里宁格勒发现的蜜蜡矿层最厚的地方能够达到 3 米，每立方米矿层当中能够挖掘出蜜蜡约 2500 克。加里宁格勒的蜜蜡总储量估计为 64 万吨，不过一大部分已经被开采。

乌克兰的蜜蜡来源于第三纪的森林。乌克兰蜜蜡的主要产地是西北部地区，蜜蜡主要发现于结晶岩石外围的早第三纪岩层。地质岩层是第二次沉积的结果，岩层中每立方米蜜蜡的平均密度为 50 克，最高值能够达到 400 克。

乌克兰蜜蜡耳钉

按照古生物学的分类，蜜蜡出产的岩层主要为早渐新世和中渐新世。乌克兰蜜蜡和桑比亚半岛蜜蜡是同一时期的蜜蜡，蜜蜡中含有高浓度琥珀酸。不过，乌克兰蜜蜡的外壳和桑比亚半岛蜜蜡的外壳并不相同，通常带有几毫米厚的深褐色外壳，外壳为黑色氧化层。这层壳很脆，经常分离脱开。

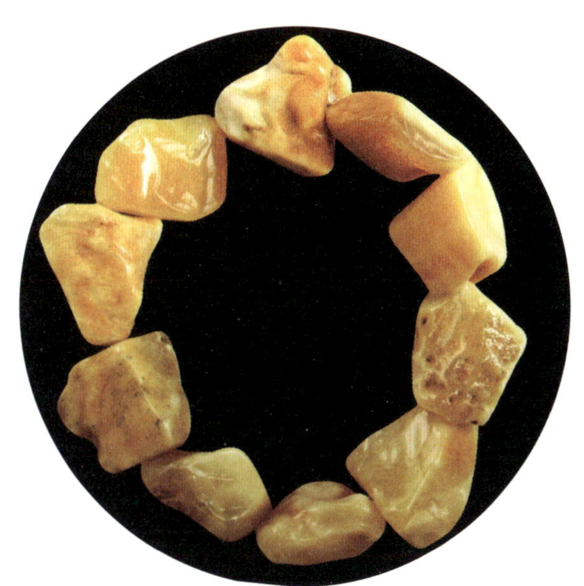

乌克兰蜜蜡随形手串

意大利蜜蜡手串

意大利的西西里岛有少量的蜜蜡出产。西西里岛蜜蜡通常体积不大，色彩主要是橘色或红色，少数的蜜蜡颜色为绿色、蓝色和黑色，另外，还有部分紫色的蜜蜡。

西西里岛蜜蜡形成的地质时期在晚白垩纪到古新世之间，距今 6000 万 ~9000 万年。西西里岛蜜蜡中带有荧光的相当贵重，但是随着时间的推移，这类蜜蜡的色彩会逐渐弱化。

罗马尼亚是蜜蜡的大产区，是世界上多色蜜蜡出产最多的地区。罗马尼亚蜜蜡有很多种颜色，通常为深色。这是因为罗马尼亚蜜蜡矿中带有很多的含硫沉积物，同一岩层的煤炭和黄铁矿都会直接改变或加深蜜蜡的色彩。

美洲蜜蜡

美洲蜜蜡的主产区是多米尼加。多米尼加蜜蜡的品质相对普通，颜色深浅不一，并不如多米尼加蓝珀那样深受人们喜爱。

多米尼加蜜蜡主要出产于3000万年的地层。因为地层较新，所以多米尼加蜜蜡的硬度更小一些。

另外，墨西哥、阿根廷、巴西、智利、厄瓜多尔、委内瑞拉等国家都有蜜蜡出产。

多米尼加蓝珀

抚顺蜜蜡原石

亚洲蜜蜡

我国的辽宁抚顺有蜜蜡出产。这里的蜜蜡主要发现于第三纪的煤层中，部分蜜蜡发现于煤层顶板的灰褐色的煤矸石中，这些蜜蜡的外观为金黄色，硬度较高，密度很大。抚顺蜜蜡的地质形成时期，相比波罗的海蜜蜡时间比较统一，形成时期更早，故而有很高的研究价值。

这几年抚顺的矿脉基本枯竭，蜜蜡及煤精的产量已经很少了，有人已把蜜蜡、煤精做成了收藏品。抚顺有许多蜜蜡和煤精的工艺品店。

抚顺蜜蜡手串

抚顺蜜蜡吊坠

伊朗出产的蜜蜡品质上乘。伊朗蜜蜡的主要集散地是土耳其，通常经过香港转到我国内地。伊朗出产的蜜蜡多为“贵族蜜蜡”，种类包括水蜡、丝蜡、雪山蜡、晶蜡等，颜色则有黄、红、粉红、蓝、绿、咖啡、樱桃红等。造假的伊朗蜜蜡很常见。

阿富汗出产的蜜蜡主要是黄色水蜡，市场上可以寻找到老的阿富汗蜜蜡。阿富汗老蜜蜡色泽纯净，十分漂亮。

多彩蜜蜡：蜜蜡的类型和功用

蜜蜡的种类

黄、红、蓝、青、白、黑、紫、绿、橙，这些自然界中常见的色彩，在蜜蜡中都能见到，其中最普遍的色彩是黄色。树脂本身就是淡黄色，长期埋藏在深层土壤中，黄色土壤影响了蜜蜡的色泽。

不同的颜色共存于同一块蜜蜡中，蜜蜡会出现明显的变化，外观会因此变得缤纷多彩。即便是单色蜜蜡，在色彩层次方面也一样有深浅浓淡的区别。使用不同的光源照射，蜜蜡上面的色彩也都是不同的。比如，使用钨丝灯光进行照射，部分蓝晶和绿晶会变为紫红色。

金蝉吊坠

名称：福禄如意（带皮玉白蜜蜡）

规格：24 克

产地：波罗的海

市场参考价：10800 元

蜜蜡属于有机珍宝，和无机珍宝在化学成分和原子结构上差异甚大，但在珠宝学特性上又有相似的地方。从光泽上看，蜜蜡通常带有蜡脂（松脂）的光泽，同时具备了很明亮的玻璃光泽（玻璃面蜜蜡）、金属光泽（金面蜜蜡），甚至还有水银一样的光泽（纯净黑蜜蜡）。珠宝的光泽和光线反射有直接关系，同时也和表面的抛光度有关，蜜蜡表面的情况比较复杂，经过高度抛光便可以看到水银面光泽，否则黯然无光。

珠宝中有许多色素，而且成分各不相同，因此颜色多样。蜜蜡亦不例外。

蜜蜡缤纷的色彩一直都是它闻名于世的特点。不同色彩的形成是因为地质条件的不同，比方说矿物、水质、土壤等，自然环境的差异导致了蜜蜡的种类、色泽发生了变化。正是世界各地地质条件的多样性，最终促使多种色泽蜜蜡的出现。要想搞清楚蜜蜡的成分和颜色之间的关系并不简单，不过经过多年研究，人们还是通过现代科学技术解析了蜜蜡的颜色成因。

蜜蜡佛珠

◆ 黄色蜜蜡

黄色蜜蜡主要出现在酸性较重的土层中，受酸性条件的影响，出现了黄色的色彩。通常说来，此种蜜蜡含琥珀酸多。

蜜蜡手串

◆ 蓝色蜜蜡

地质学上有“蓝土层”的说法，蓝土层的沙土比较疏松，常可以发现云母和石灰质，蜜蜡如果埋藏于这种土壤中，会逐渐受沙土中的石灰质和氧化钛影响而变成蓝色。

◆ 绿色蜜蜡

很多化学物质如硫、硫化物、硫酸铜等都是绿色，如果这类化学元素沁入蜜蜡中，蜜蜡随之也会呈现为绿色，乃至蓝紫色。

◆ 红棕蜜蜡

铁矿、朱砂或锰元素进入蜜蜡之中，蜜蜡便会呈现为红色、棕色或更深的褐色和咖啡色。

◆ 土色蜜蜡

蜜蜡长期承受地热影响，颜色会变深，出现红、绿等色彩。蜜蜡长期埋藏于雪地中，受地热影响较少，常可以发现呈土色、米白色。

黑色蜜蜡

◆ 黑色蜜蜡

如果地层中有很多的腐殖土，或者是含煤炭较多，蜜蜡的颜色会随之加深。长期埋藏，蜜蜡会呈现出咖啡色、黑色、灰色或墨绿色。

综合来说，蜜蜡的颜色和挖掘出土时的地质条件关系密切，前面叙述的是某种地层对蜜蜡的影响。有些蜜蜡带有两种或两种以上的颜色，这是由于地质活动的作用，使之出现多种颜色，这也是蜜蜡神奇的地方。

蜜蜡的功用

蜜蜡的装饰特性

蜜蜡是大自然给予人类的宝物，在蜜蜡形成的千万年时光里，它经历了日换星移、沧海桑田，具有浓厚的神秘感。另外蜜蜡的多样性让不同的蜜蜡显得各具特色，有的肌理细腻，触感非常温和，让人心绪宁静；有的则色彩艳丽，是一种怡情的上佳饰品。古代皇帝、贵妃们也很喜欢佩戴蜜蜡饰品，还把蜜蜡用在房屋的内饰中。

老蜜蜡手串

蜜蜡手串

人们曾经追逐过金、银、钻石，最后将注意力转移到了蜜蜡上。蜜蜡相比金银，并无奢华感，更没有“宝石之王”钻石的那种华贵，但是很契合中国人内敛的个性。我国古代就用天然蜜蜡制作了器物、装饰品，比方说挂珠、鼻烟壶、摆件等。直到现代，人们还能够看到装饰在胸、耳、手、颈等处的蜜蜡饰物，它不仅不张扬，而且还彰显出了佩戴者的雅致与修养。

蜜蜡的医疗功效

蜜蜡本质上是化石，因为埋藏于地下，蜜蜡当中含有了不同的元素。这些元素通常是对人体有益的，可以畅通气血，还可以加快身体的代谢，一些微量元素可以抗病、抗衰老。如果将蜜蜡制成饰品佩戴，或者摩擦患处，还能够缓解腰酸、背痛、风湿骨痛等。另外，蜜蜡对于肿瘤、骨质疏松的发病还有抑制作用。

蜜蜡原石

蜜蜡是一种中药，有镇静安神、化痰止咳、解毒利尿、活血化瘀的功效。另外，利用蜜蜡制成的烟嘴和烟盒也具备消毒的功效。蜜蜡还具有防腐的功效，有一些国家曾将蜜蜡作为防腐剂使用，在埃及法老的木乃伊中就发现过蜜蜡。

想要充分利用蜜蜡的治疗功效，最佳的办法是长期佩戴蜜蜡饰品，或者拿在手中把玩，蜜蜡的药性渐渐被吸收之后，伴随着血液流遍全身，日积月累，身体自然会吸收有益元素，使疾病缓解。通常来说，每种蜜蜡富含的元素是不一样的，对于疾病的疗效也不一样。

蜜蜡手排

蜜蜡的灵性

因为蜜蜡神奇的形成过程，人们将蜜蜡看成是蕴藏大地安定力量的容器，能够调和阴阳，是大自然的神奇珍宝，可以益寿延年、祛病消灾。

蜜蜡不但能够制作成饰物，供人佩戴、欣赏、装饰，还有利于灵性修行。佛门七宝的传说包含了佛家的智慧，蜜蜡就属于“佛门七宝”之一。

蜜蜡吊坠

◆ 眉心

把蜜蜡放到眉心的部位，可以消除杂念，让人头脑更加清楚，对于平时的静坐修行帮助甚大。

◆ 喉头

把蜜蜡放到喉头，能够增强沟通的能力，让人言语明晰、个性开朗，增强沟通能力。

◆ 胸口

把蜜蜡放到胸口的部位，不但能够放松心情，让情感约束在理性下，还能改善疾病，强身健体。

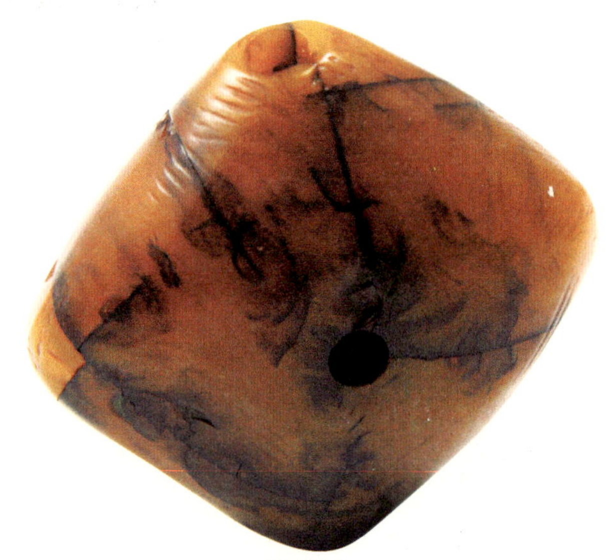

蜜蜡挂件

蜜蜡的优化

现在市场上需求量最大的是中低档蜜蜡，中低档蜜蜡常用来制造流行饰物。许多天然蜜蜡本身质量不佳，很多情况下想提升蜜蜡的质量或利用价值，便需要优化处理。因而出现了许多蜜蜡处理技术，许多优化处理的蜜蜡也出现在市场上。现在优化处理的蜜蜡种类包括热处理蜜蜡、再造蜜蜡、覆膜处理蜜蜡、充填处理蜜蜡、压固处理蜜蜡等。

热处理

甄选成色出众的蜜蜡，放入温度、湿度可控而且恒温恒湿的条件下，连续加热1～2个月的时间，确保将蜜蜡内部一些肉眼看不到的杂质和灰尘从非常细小的孔隙中释放出来，使蜜蜡整体变得更加温润明亮，颜色达到最佳的视觉效果，产生太阳般的光芒，这种处理方法便是热处理。

蜜蜡手把件

蜜蜡上面的“睡莲叶”其实就是加热过程中出现的叶状裂纹。花纹不影响蜜蜡的质量，但是能够让蜜蜡变得更美，用光线照射，闪闪发光。加热的过程其实也是内部净化的过程。现在，我国珠宝行业的国家标准规定热处理是优化方法，并不改变蜜蜡本身的化学成分，无须做任何说明便可以以天然宝石的名义出售。

蜜蜡佛珠

名称：金包蜜聚宝盆手串
规格：42 克
产地：波罗的海
市场参考价：35800 元

◆ 烤色处理

仿制出自然氧化的效果，比方说老红蜜蜡的仿制就是将蜜蜡表面的颜色做得红一些。这种技术也是优化。

◆ 压清处理

所谓压清，就是把蜜蜡放入惰性气体环境下，调整炉的温度、压力，最终消除蜜蜡边缘部分的杂质，进而提高边缘部分的透明度。压清的处理方式多见于琥珀类制品中，用压清处理的蜜蜡多是珍珠蜜。

自然界中有罕见的天然形成的珍珠蜜，不过现在市场上多见的是优化后的品种。蜜蜡的净化顺序是从外向内的，接近表层部分有更好的透明度，通常未经彻底净化的蜜蜡中还能够看到不透明的“云雾”。

蜜蜡雕件

蜜蜡手串

名称：人生如意

规格：16.8 克

产地：波罗的海

市场参考价：6600 元

蜜蜡手串

再造蜜蜡

很多天然小块蜜蜡不能直接加工为饰品，为了利用这些天然的小块蜜蜡，常常将那些小块的蜜蜡利用加热加压的方法烧结做成较大块的蜜蜡，利用这种方法制作出来的蜜蜡称为再造蜜蜡，又称熔化蜜蜡或模压蜜蜡。为了保证蜜蜡的纯度和透明度，通常先要对蜜蜡进行提纯，压制蜜蜡的时候再添加其他的有机物，比方说燃料、香精、黏结剂等。整个加工过程是在高压炉中操作的，高压炉能够做出过去做不到的工艺，例如，两块天然蜜蜡能够完美熔合，且很难分辨出两块蜜蜡的连接点。

再造蜜蜡中通常可以发现定向排列的扁平拉长气泡以及显著的流动构造或糖浆状搅动构造。蜜蜡颗粒中能够发现颜色较深的表面氧化层，甚至能够发现未熔化的物质。天然蜜蜡中的气泡为圆形，还常可以发现动植物碎屑。

使用放大镜观察，再造蜜蜡中有粒状结构或“血丝状”构造，在抛光面上，经常能够看到因为硬度不同而出现的凹凸不平的表面。

使用短波紫外线观察再造蜜蜡，便可以观察到比天然蜜蜡更强的荧光，再造蜜蜡反射的荧光是白垩状蓝色的，由于荧光的不均匀可以发现粒状结构。

使用偏光仪鉴定，天然蜜蜡为单折射，有均质体的现象；再造蜜蜡却常可以发现双折射现象。使用荧光灯观察，天然蜜蜡会呈现浅蓝色、白色或浅黄色荧光，再造蜜蜡则呈现出白垩状蓝色的荧光。自然的状态下，天然蜜蜡有黄色、棕色、红色等色彩，再造蜜蜡通常为橙黄或橙红。

蜜蜡人物鼻烟壶

覆膜处理

覆膜处理包括两种：第一种方法是在蜜蜡底部覆上色膜；第二种是在蜜蜡表面喷涂亮光漆。

鉴定这种处理方法可以观察喷涂的颜色层和原来的蜜蜡之间有没有过渡的颜色，覆膜蜜蜡表面的颜色层浅，留意一下便可以发现。

蜜蜡手串　　清代蜜蜡手串

充填处理

这种方法是在蜜蜡的裂隙或坑洞之中用树脂进行充填，充填过的地方常可以发现显著的下凹。

天然蜜蜡手串

压固蜜蜡

因为树脂不同的凝固时间，随之会出现分层，层与层之间的分界是相当明显的。想要对这种蜜蜡进行加工，要用加热、加压技术，促使间隙变小，使蜜蜡本身变得更牢固。这种蜜蜡和再造蜜蜡有些相似，但压固蜜蜡有明显的分界线，另外还可以发现流动的红褐色纹路。压固蜜蜡是天然的分层蜜蜡，再造蜜蜡则是将碎块的蜜蜡熔合起来，二者的区别相当明显。

蜜蜡吊坠

蜜蜡随形挂件

慧眼识真：蜜蜡的鉴别判断

蜜蜡的收藏价值

一直以来，琥珀都是世界各地的皇室、贵族、收藏家、普通民众所追求的宝物，琥珀不仅可以做装饰品，还具有神秘的力量。那么，蜜蜡和琥珀相比，其特殊的收藏价值在哪里呢?

1.总量少，升值空间大

从目前的市场销售价格来看，蜜蜡首饰的价格往往要超过琥珀首饰 1 倍。那些经过多年珍藏的老蜜蜡，在价格上更是让人惊讶，例如，北京 2009 年的一次慈善珠宝拍卖会上，清朝的一条蜜蜡项链最终成交价为 38 万元，价值可与翡翠、钻石媲美。

2.有悠长的历史，暗合华人审美品位

世界上不同地区的人在审美情趣上有差异，相比西方人追逐琥珀，国人更喜欢蜜蜡。我国古代的时候，蜜蜡因其“色如蜜，光如蜡”从而获得了“北方之金”的赞誉，是达官贵人竞相收藏、把玩、佩戴的宝物。蜜蜡还是权力的象征，皇室的帝后们都把蜜蜡看作吉祥之物，清朝皇帝、皇后、显宦使用的朝珠和挂珠主要的材质便是蜜蜡，这都能反映出蜜蜡的尊贵。尤其是明黄色的蜜蜡，一直都是清代皇家独享的宝石。如果单看华人的收藏心理，我们就可以发现蜜蜡的明显优势。

名称：老蜜蜡手串

规格：32 克

产地：波罗的海

市场参考价：22000 元

名称：老油蜜手串

规格：45 克

产地：波罗的海

市场参考价：39800 元

名称：灵鲤戏宝
规格：19.5 克
产地：波罗的海
市场参考价：6800 元

名称：貔貅
规格：22.5 克
产地：波罗的海
市场参考价：11800 元

3. 日渐稀缺，收藏日盛

我们知道，现在的蜜蜡资源日渐稀少，很多著名的蜜蜡矿藏都差不多枯竭了，蜜蜡因此物以稀为贵，受到了更热烈的追捧。所以从长期来看，蜜蜡保值、升值的空间是相当之大的，最近几年蜜蜡市场价格的迅速增长也印证了上述推论。

蜜蜡原石

蜜蜡的价值鉴别方法

当我们选购或投资蜜蜡的时候，要优先挑选天然纯正、质地油润、未经人工染色、完好无损的蜜蜡。顶级的蜜蜡外观脂光润亮，有宝光，常可以看到绢丝、云纹、虎纹、风化纹及冰裂纹，孔道氧化后能够发现洒金或爆花。

蜜蜡珠

名称：腰缠万贯如意把件
规格：42 克
产地：波罗的海
市场参考价：38600 元

名称：祝福
规格：26 克
产地：波罗的海
市场参考价：16800 元

名称：祝福
规格：18.6 克
产地：波罗的海
市场参考价：8000 元

黑蜜蜡珠

和宝石相似，蜜蜡同样也是越大越好，因此收藏的时候最好以大块、完整的蜜蜡优先。蜜蜡中的极品有大小类似拳头的，体积小一些的蜜蜡收藏价值相对较低。蜜蜡大小变化很大，对质量的影响和蜜蜡是否受到过加热熔合有关系。

蜜蜡珠

蜜蜡仿制品的鉴别方法

人们说到仿制品时往往会感到深恶痛绝。仿制品本身并无危害，它在很多场合下可以满足人们美化生活的愿望。大多数人可以接受用比较低的价格获得和天然饰品类似的饰物，但令人愤怒的是商家的以次充好。世界各国的仿制蜜蜡很早以前便已出现。

许多国家都有蜜蜡的仿制品，比如说俄罗斯的塑料仿制品、硬化天然树脂仿制品；新西兰制造的一种以树脂和树脂化石为主要成分的仿制品；使用柯巴树脂和酸性水或中性物质混合，最后在高压炉中加热做成的仿制品。

黄蜜蜡挂坠

为了让原料颜色更深，色泽更加统一，便对蜜蜡进行了再造处理，压制的过程中使用着色剂和不同种类的填充剂进行加工。另外，还有使用聚乙烯树脂和精细研磨之后的蜜蜡粉末制作出来的仿制品。

蜜蜡灯笼吊坠

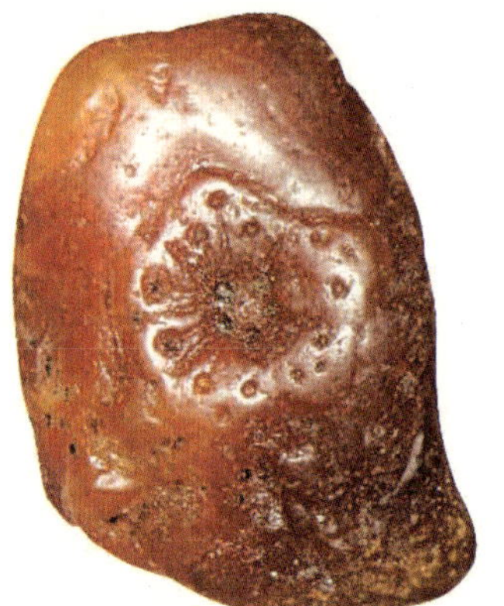
花纹蜜蜡

蜜蜡鉴定的技法

蜜蜡这种宝石是十分珍稀的，因此收藏的价值很高。波罗的海是蜜蜡的主要出产地，矿区的蜜蜡原料价格能够达到 50~60 美元 / 千克，波兰的蜜蜡原料市场价每公斤的价格超过 200 美元。现在，市场上流通的蜜蜡质量鱼龙混杂，价格相差巨大。不过，不能因为出现了大量廉价的赝品，从而选择放弃对蜜蜡的投资，这种做法如同因噎废食。怎样辨别天然蜜蜡，一直都是投资、收藏蜜蜡的关键。如果想辨别蜜蜡，先要明白哪些蜜蜡是值得收藏的。

老蜜蜡珠

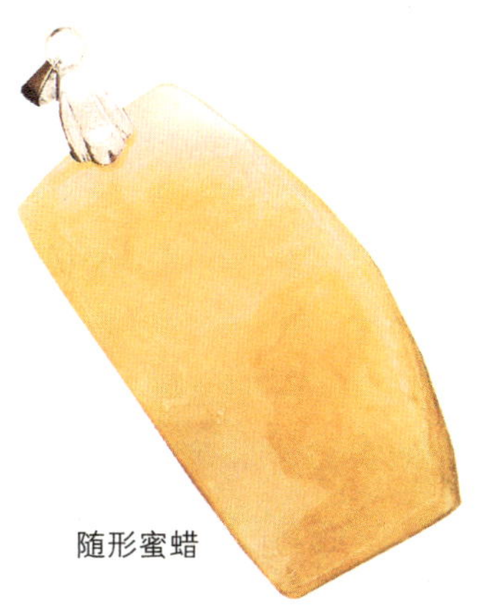
随形蜜蜡

蜜蜡的鉴定不同于其他的宝石。蜜蜡本身的熔点低，酒精灯产生的热量便可以使其熔化，这都直接影响了鉴定的结果。经过大量的实践和观察，我们总结出了一些具体的测试方法。

1．观察试验

蜜蜡的质地温润，色泽润朗，而仿制品通常颜色呆板、整体的感觉很假。再造蜜蜡当中带有气泡，经过压扁气泡变成了长条形，天然蜜蜡的内部气泡则是圆形的。

蜜蜡其实是碳氢的化合物，中间有琥珀酸的成分，正是因为构造的原因，真正的蜜蜡表面的光泽是轻柔而温暖的，而其他合成品经常有那种冰冷的感觉。蜜蜡的自然形状通常为块状、饼状、瘤状、肾状，还有其他不规则的形状，不同形状出现是因为蜜蜡产生过程中经历的不同事件，比方说混入气泡、灰尘，产生裂纹等情况，因为这些，不同的蜜蜡总是有所区别。如果欣赏一条蜜蜡项链时发现每个珠子都很相似，那么就可以大概判定它是仿制品了。

镶蜜蜡银手链

蜜蜡的形成过程是非常漫长的，不同的物质侵入之后，通常颜色会发生不同变化，蜜蜡也因此会有多种色彩，而人工再生蜜蜡颜色都是单调、暗淡的，通过这种办法能够辨别真假蜜蜡。另外需要注意：天然蜜蜡的表面如果受到氧化作用，也会变暗。

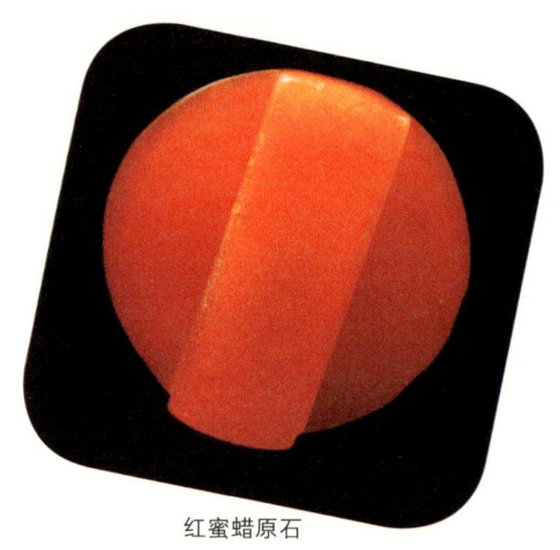
红蜜蜡原石

带皮蜜蜡原石

蜜蜡形成后经常可以看到一道类似鳞片的花纹，如果观察不同的角度，花纹也是不一样的，这种感觉若隐若现、时有时无。而假蜜蜡伪造了鳞片花纹，因为人工合成物透明度不高，鳞片的光泽整体是暗淡的，缺少灵气，如果从不同角度进行观察，花纹基本不会变。

2．测相对密度

蜜蜡本身的相对密度是 1.08 克 / 米 ^{3}，故而比较轻，能够悬浮在饱和的盐水上（通常说来 1:4 的盐水便可以饱和），其他如塑料等仿制品因为密度超过饱和的盐水，则会下沉。

3．加热或热针测试

使用打火机直接加热蜜蜡的表面，会闻到松香味，蜜蜡的颜色也会变化。另外，还可以将细针烧红扎入蜜蜡的内部，之后趁热拉出，如果出现黑色的烟，并嗅到松香气味，便是真蜜蜡。若是冒白烟并产生塑胶的辛辣味，那肯定是仿制品。另外，在拉出针时，塑料常常会出现局部的熔化，从而粘住针头，会“牵丝”出来，蜜蜡则不会。

原皮蜜蜡挂件

蜜蜡吊坠

4．乙醚试验

在蜜蜡表面不太显眼的位置滴上乙醚，停留几分钟或者直接揉搓看蜜蜡的反应。乙醚挥发后，真蜜蜡没有任何的改变，柯巴树脂受到乙醚腐蚀会在表面留下一个斑点。再造蜜蜡在外观上固然很接近天然蜜蜡，可是只要抹上一点儿乙醚，几分钟后便会发黏溶解。

蜜蜡吊坠

5. 声音测试

如果蜜蜡珠子还没有做镶嵌，握到手里轻轻揉动，声音是柔和而略带沉闷的，仿制的塑料或树脂常可以听到比较清脆的声音。

6. 测折射率

蜜蜡并不是晶质物质，因此是各向同性的，折射率一般为 1.54。普通的塑料折射率在 1.50~1.66 之间，极少有塑料仿制品能接近蜜蜡的折射率。

黄蜜蜡雕件

7．硬度试验

用针轻轻斜刺蜜蜡的背面（注意不能在明显部位）会感到有轻微的爆裂感，还会出现很小的粉末和碎渣。如果是硬度不同的塑料或是其他材质，要么扎不动，要么感觉很黏，甚至可以扎进去。

蜜蜡吊坠

辨别天然蜜蜡

蜜蜡的处理方式多种多样，有的蜜蜡使用了优化工艺，品质得到了进一步提升，但是仍旧算是天然的蜜蜡；有的劣质蜜蜡使用了不同的处理方法，如此制造出来的蜜蜡便不是天然蜜蜡了。下面我们就对处理天然蜜蜡的方法进行一些介绍。

1.烤色蜜蜡

烤色工艺属于加处理工艺的一种。现在市场上有很多“老蜜蜡”，实际上就是用烤色工艺加工出来的。烤色加工出来的蜜蜡多是黄棕色，看起来很油润，这种烤色蜜蜡使用的原料是优质的天然蜜蜡，烤色加工只是优化工艺，销售的时候也不用加任何说明。

蜜蜡吊坠

不过，还有一种烤色蜜蜡的颜色是深红色、咖啡色，这种蜜蜡之所以加工成这种颜色，多是因为蜜蜡原料中有很多瑕疵，使用烤色工艺能够掩盖瑕疵，销售的时候便能卖出更高的价格。这种蜜蜡的烤色工艺便不算是优化，而属于处理了，劣质蜜蜡如此处理之后就不算是天然蜜蜡了，这种蜜蜡的实际价值比天然蜜蜡要低得多。

红蜜蜡

带皮蜜蜡挂件

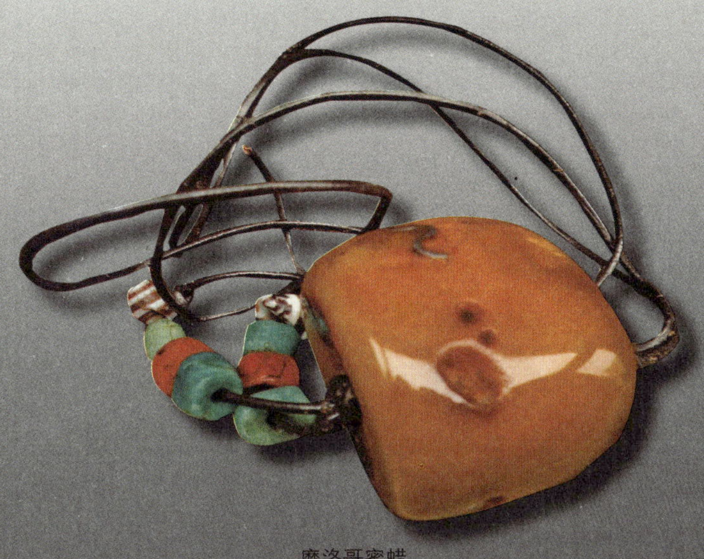
摩洛哥蜜蜡

2. 染色处理

在收藏蜜蜡的时候，稀有色彩的蜜蜡一直都是珍贵的收藏品种，比方说浅绿色、淡紫色等，因此很多人尝试用染色的方法处理蜜蜡。辨别一枚蜜蜡是不是染色了，要仔细观察裂隙，如果发现有残留的深色染料，便可以初步判断蜜蜡经过了染色处理。

蜜蜡珠子

动物形红蜜蜡珠子

辨别假冒蜜蜡

天然蜜蜡是一种有机的宝石，不能人工合成，可是有些商人想要获得暴利，所以开始制造假冒蜜蜡。现在，市面上出现了大量的假冒蜜蜡，这个时候必须谨慎区分。假冒蜜蜡的原料通常是塑料、玻璃，如果和真蜜蜡进行对比，辨别这些假冒的蜜蜡还是比较容易的。

现在，国内假冒蜜蜡的材料主要是硬树脂、松香、柯巴树脂、塑料、玻璃、玉髓。树脂是还没有石化（未经过埋藏）的各种天然树脂，类型包括松香、桦树树脂以及出产于新西兰的高利树脂等。

蜜蜡鱼雕刻

1．鉴别蜜蜡与硬树脂

硬树脂的埋藏时间比较短，是一种半石化的树脂，成分和蜜蜡很相近。硬树脂中没有琥珀酸，挥发成分比蜜蜡含量高，物理性质与蜜蜡相似，更容易被化学品腐蚀。

蜜蜡血珀串珠

鉴别方法：使用小滴乙醚滴到硬树脂表面，用手揉搓，硬树脂会软化，蜜蜡使用这种方法测试无变化。使用短波紫外线灯照射，硬树脂反射的光线为强白色荧光，蜜蜡反射的光线为绿色或蓝色。热针测试后，硬树脂更容易熔化。

天然蜜蜡年年有余挂件

包银蜜蜡珠

2．鉴别松香与蜜蜡

松香并未经过地质的作用，外观是淡黄色、不透明的，带有树脂光泽，重量轻而且硬度小，用手可捏成粉末，密度与蜜蜡接近，表面常可以看到油滴状的气泡，经过短波紫外线灯照射，能够看到黄绿色的荧光。燃烧时有芳香味。蜜蜡通常是不透明的，用手捏不动。一般蜜蜡使用加热的工序后，内部很难看到气泡，多为太阳花。蜜蜡的气泡是细小而且密集的，手感很轻，带有潮湿感。

3．鉴别柯巴树脂与蜜蜡

柯巴树脂的地质年代很晚，也属于树脂，并未石化，使用乙醚测试法会出现黏性的斑点。柯巴树脂对酒精更敏感，如果使用酒精或冰醋酸测试，则会出现发黏或不透明的现象。柯巴树脂用紫外线灯照射，会出现亮度较高的白色荧光。红外光谱和蜜蜡不同。柯巴树脂经过地质的作用便形成蜜蜡，柯巴树脂的产地有：哥伦比亚、巴西、布尔内岛、东非、菲律宾、新几内亚、澳洲、印尼等。柯巴树脂的埋藏时间仅有几百万年，多米尼加地区的柯巴树脂有 1500 万 ~1700 万年的埋藏时间，不过这种树脂还是硬度不足，故而不能雕琢。

老蜜蜡珠

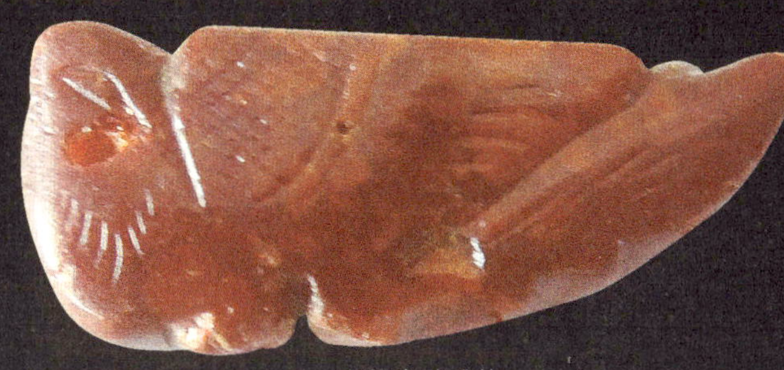
蜜蜡喜鹊雕件

4．鉴别蜜蜡与塑料

塑料仿造品使用的材料包括酚醛树脂、酪蛋白塑料、安全赛璐珞、氨基塑料、有机玻璃、聚苯乙烯等。早期的塑料仿制品中常能见到流动的构造。最近几年的塑料假冒蜜蜡不但能够仿造颜色，甚至可以伪造太阳花，与蜜蜡极为相似。塑料仿制蜜蜡固然可以以假乱真，但是通过折射率和密度检测还是能够区分的。

使用饱和盐水能够做出鉴定，除了聚苯乙烯，大部分塑料在饱和盐水中都会沉底，蜜蜡则悬浮。用小刀切割塑料时，塑料肯定会剥落，蜜蜡仅仅会出现缺口。用热针测验，塑料常会闻到异味，而蜜蜡则有松香的芳香味。如果用点燃法，塑料会熔化，蜜蜡只会留下疤痕。

白蜜蜡原石

蜜蜡环

5. 鉴别玻璃、玉髓与蜜蜡

玻璃、玉髓硬度远超过蜜蜡，如果使用小刀刻划，蜜蜡非常容易出现划痕，玻璃、玉髓通常没有丝毫的痕迹。玻璃、玉髓的密度分别为 2.4 克/米^{3}和 2.6 克/米^3，相比蜜蜡要重得多，重量上差异很大。这三种材质的光泽也不同，玻璃、玉髓为玻璃光泽，蜜蜡为蜡质光泽。

老蜜蜡的鉴别方法

新老蜜蜡的含义

老蜜蜡是蜜蜡原石经过加工工序做成的器物，并历经很长时间的把玩、品赏后保存下来的蜜蜡制品。

老蜜蜡的“老”指的是加工成型后的时间长。普遍认为，只有经历几十年的把玩之后，蜜蜡器物才能被称为“老蜜蜡”。

新蜜蜡指的是蜜蜡原石加工制成不同的物件，但加工成型后的时间很短的蜜蜡制品。

新蜜蜡的“短时间”同样是相对的，一个月可以说是短，几个月也可以说是短，几年同样可以称为“短”，新蜜蜡其实是相对老蜜蜡而言的。

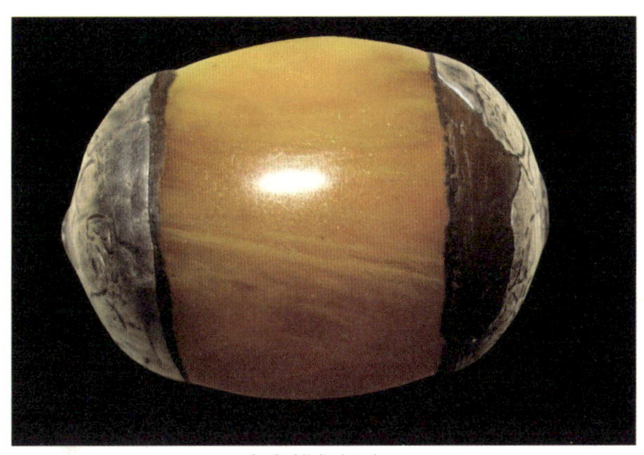

老蜜蜡包银珠子

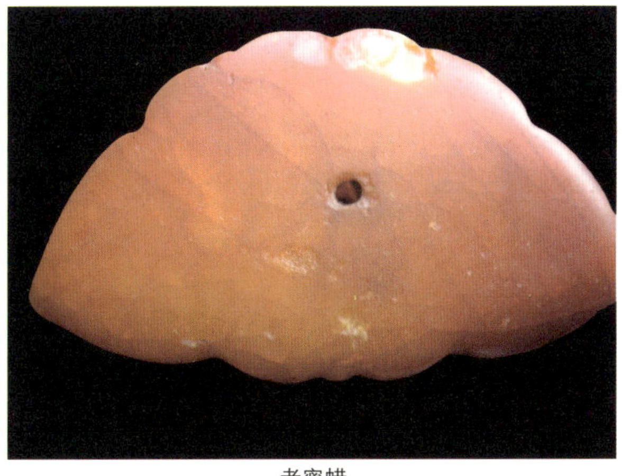

老蜜蜡

老蜜蜡的来源地

现在市面上流传的老蜜蜡，有一些是穆斯林的宗教用品，有一些是西藏的宗教用品，还有一部分是欧洲贵族的装饰品。因为来源地的不同，价格相差巨大，西藏老蜜蜡可以说是这些蜜蜡中的“贵族”。只要名称带有“西藏”，那价格肯定不菲。

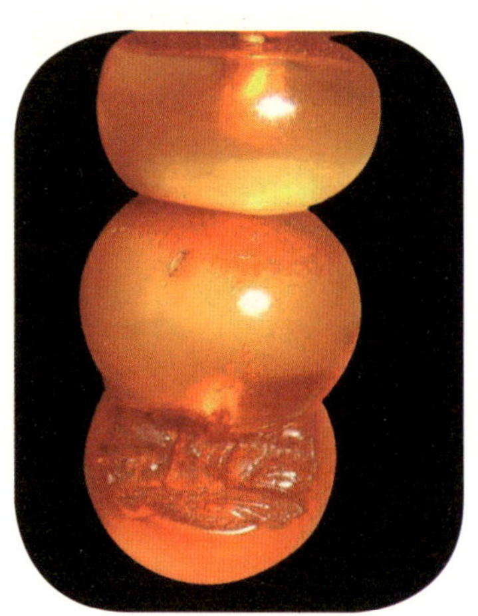

老蜜蜡珠子

灵宝老蜜蜡串珠

尼泊尔蜜蜡和藏蜡同样是蜜蜡，然而藏蜡价格更高，这也是不可改变的事实。

老蜜蜡切片

老蜜蜡的品相

◆ 老蜜蜡的形状

老蜜蜡讲究的是皮壳和形状，按照形状、品名、档次，以及存世的稀有程度可以从高到低进行排列：球、桶、枣、饼、墩、片。这个排列比较笼统，蜜蜡还有一些形状特别的器物，比方说马蹄珠、鼓珠、橄榄珠，另外还有三通、四通、背云、勒子。

老蜜蜡圆珠

老蜜蜡珠子

马蹄珠其实是特类，通常来说，球、桶、枣经历很长时间磨损后都会变成马蹄状。球珠其实是鼓珠，而橄榄珠则属于枣珠另类的表现形式。综合来说，墩和片其实并不用仔细分类。

◆ 老蜜蜡的颜色和蜡质

老蜜蜡的颜色有许多种，归类后基本有三个特点：红、黄、花。

老蜜蜡有个特点：透明度越高则蜡质越差，通常云纹越浓密，蜡质相对越好，通过此种原理可以知道为什么花蜡用灯光无法打透。

老蜜蜡的特点

对于那些只是收藏蜜蜡的朋友来说，新老其实并不是问题。如果收藏的是老蜜蜡，就必须仔细甄别了，下面是老蜜蜡的几个常见特征：

◆ 孔道

如果蜜蜡上有小孔，那基本就是新蜜蜡。过去，尤其是一百年前，制作的工艺水平不高，通常使用手工钻孔，钻洞都是很大的。之后历经数年的把玩，还有线绳勒压的作用，老蜜蜡上面常可以发现线绳磨损的喇叭孔或线绳向某一边勒压形成的钥匙孔。

藏式老蜜蜡串珠

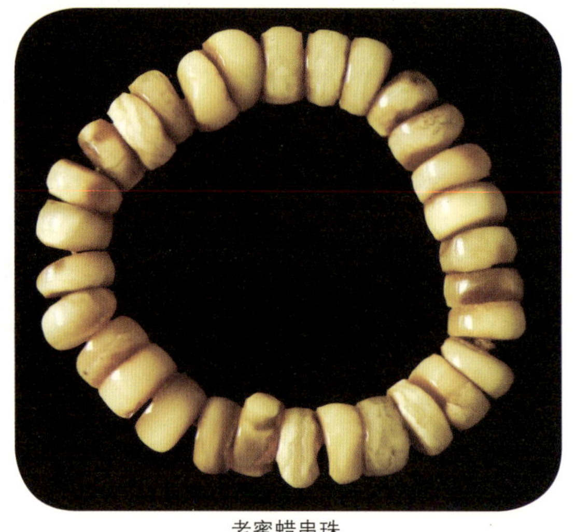

老蜜蜡串珠

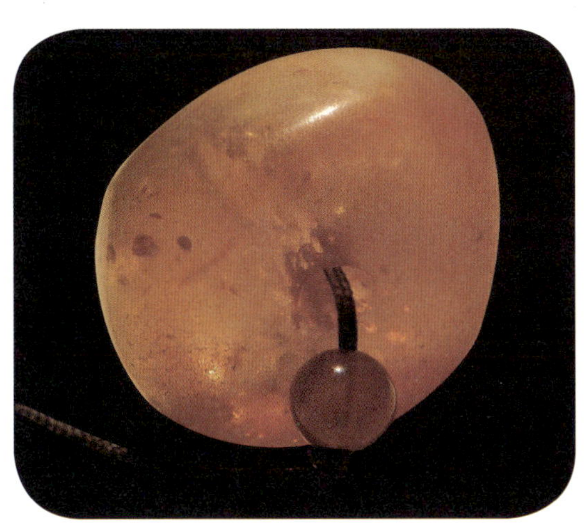

老蜜蜡吊坠

◆ 包浆

包浆只有经过很长时间的把玩才能形成。当经历了很长时间的把玩后，老蜜蜡表面会形成膜状的光泽，这就是包浆。蜜蜡包浆的存在可以从侧面证明该蜜蜡已存世久远。

◆ 风化纹

又名橘皮纹，意思是老蜜蜡表面宛如橘子皮的纹路，仔细观察能够发现这是若干个大小不同的点聚集起来的一个一个小的平面。风化纹通常是因为长期闲置不把玩，没有人体油脂的滋润，阳光空气损伤了蜜蜡皮壳而形成的。那些长期把玩、包浆细腻的老蜜蜡，基本不会发现风化纹。这就跟人使用护肤品一样，只要平时多保养，皮肤必然不会太粗糙。

老蜜蜡吊坠

◆ 冰裂纹

俗称开片，开片是因为长期暴露在干燥的环境之中，脱水而形成的干裂现象，因此冰裂和包浆也是相对的，长期把玩的蜜蜡包浆必然好，包浆出色，冰裂出现得就更慢一些，这就跟土地灌溉是一个道理，多雨水必然不会干裂。这也可以解释老蜜蜡皮壳无冰裂而孔道有冰裂的情况。

老蜜蜡串珠

老蜜蜡雕件

另外，还需要注意：上述的老蜜蜡特征并不是绝对的，因为风化、冰裂和包浆是相对的，如果包浆好，那肯定冰裂不会太严重；如果有优秀的包浆，那肯定经过了长期的把玩。

老蜜蜡手串

孔道经过长期的把玩、磨损才会形成钥匙孔，孔道的磨损主要是因为绳线的勒压，这种勒压效果和线的松紧关系密切，紧则磨损严重，松则磨损相对较轻。老蜜蜡形成钥匙孔或喇叭孔肯定经历了很长时间的勒压，长期把玩必然会形成包浆。

老蜜蜡的皮壳

实际上，老蜜蜡玩的是皮壳。皮壳本身承载着老蜜蜡的历史，如果去掉外壳，老蜜蜡和新蜜蜡并无区别。因此，老蜜蜡让收藏者心情愉悦的地方主要是柔润的孔道，外表包浆而呈现出来的宝光，另外还有那些充满了内涵的风化纹和冰裂纹。

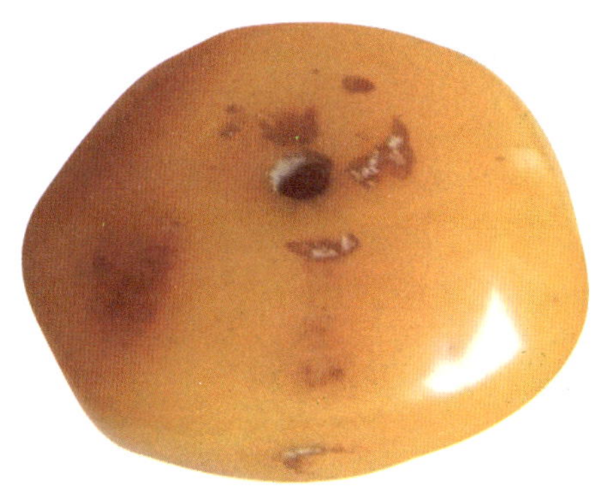

老蜜蜡片珠

对于刚刚接触老蜜蜡的朋友，有一些特别的地方需要注意：

1. 并不是所有的老蜜蜡都有风化纹和冰裂纹。事实上，冰裂纹并非加分项，而是减分项；

2. 老蜜蜡中的琥珀酸并不会因为人的把玩而迅速减少；

3. 不同于半珀半蜡，老蜜蜡表面的纹路通常是因为佩戴磕碰而形成的。

老蜜蜡的烤色

蜜蜡的烤色处理能够提升蜜蜡的美感，这种处理方法在欧洲有很长的历史。这是制作琥珀蜜蜡首饰的一种方法，原理就是通过压、烤的物理方式简单处理一下。烤色能够提升蜜蜡的亮度和硬度，这种工艺在欧洲被认为是合理的加工技术。烤色工艺通常出现在欧洲回流的一些老蜜蜡上面。

纯天然老蜜蜡手串

不过，本来合理的烤色工艺在国内则被严重歪曲，加工过程变得日益烦琐：注胶、高温恒温烤、化学注色等技术层出不穷，最终导致蜜蜡变成了不伦不类的东西，既没有新蜜蜡的那种清新感，又没有老蜜蜡的内涵，实在是俗不可耐。

老蜜蜡手串

老蜜蜡桶珠

收藏投资：蜜蜡的选购和保养

蜜蜡工艺品的价值

雕刻精致的蜜蜡工艺品一直以来都是收藏爱好者们最珍惜的宝物。曾经有收藏者感叹：只有拥有了一件完美的蜜蜡雕精品时，才能体会到工艺品身上弥漫的那种浪漫的情趣和别具一格的美。

蜜蜡手镯

天然老蜜蜡手串

中国蜜蜡雕的历史传承

我国使用蜜蜡制作工艺品的历史相当悠久，最早在新石器时代的遗址中便发现了蜜蜡雕刻的装饰物，随后经过了商、周、秦、汉，蜜蜡的历史一直都与古代玉器的发展紧密联系着。

清朝的皇帝在祭天的时候，基本上都会佩戴蜜蜡朝珠，皇室的朝服配饰经常也能看到一两串蜜蜡朝珠，因此蜜蜡需求量大大增加，清代一直都在从国外进口蜜蜡。不过，清代留存到现在的蜜蜡总量并不大，工艺精湛的产品也不多。主要原因还是古代不好寻找大块蜜蜡，雕成立像或坐像的保养也不容易。我们都知道，蜜蜡硬度较低，很多的蜜蜡雕像雕刻起来难度非常高，同时还需要预防碰撞，一不小心便会出现崩裂或暗绺。

老蜜蜡串珠

晚清宫廷和富贵人家就常常用蜜蜡雕观音像、钟馗（捉鬼）像、八仙像、刘海（戏蟾）像及寿星公像来进行陈设装饰，雕刻精致，风格很像是寿山石和翠玉雕件。因为那个时候专门雕刻蜜蜡的人并不多，很多人还雕刻其他材料，其中一些工匠本来是雕刻玉石像或寿山石像的。蜜蜡雕像相当正规，雕像的下侧通常都用镂空雕的黄杨木座、花梨木座、紫檀木座进行衬托，二者相得益彰。

蜜蜡财神把件

双鱼雕件

现在民间流传的那些雕刻成型的蜜蜡饰品，因为丰富的雕刻内容和吉祥的含义，受到了人们的追捧。人们把蜜蜡看成是圣物，相互赠送，用以交流感情，送给长辈代表着福寿安康，送给新人则可以说是喜气盈门，送给新出生的婴儿则意为健壮吉祥。

蜜蜡工艺品凝结了人类的智慧，雕刻艺术将本来便具备神秘魅力的蜜蜡变得更加美丽，带雕工的蜜蜡在一代代人的传承中影响着人类的文化内涵。

蜜蜡手串

中国蜜蜡雕刻的题材

蜜蜡饰品有许多不同的题材和造型，优质的蜜蜡雕刻饰品的技法可以说是精益求精，有的雕刻豪迈大气，有的雕刻含蓄柔美，有的雕刻庄严肃穆，有的雕刻俏皮可爱，不同的作品有不同的文化气息。

蜜蜡观音吊坠

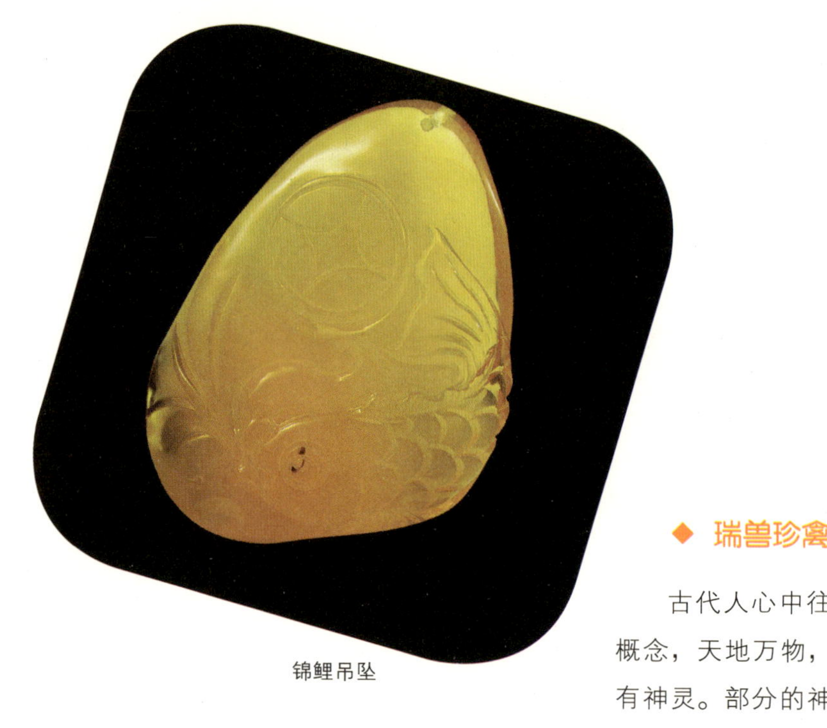
锦鲤吊坠

◆ 瑞兽珍禽

古代人心中往往有神灵的概念，天地万物，人与动物均有神灵。部分的神灵形象更成为部族的图腾、崇拜的对象。

中国古代的艺术有象征的特点，不管是象征自己的威严，或者是对异己力量的征服，通常代表的形象都是神灵怪兽。这种艺术方式就是象征艺术，比方说把强劲雄健式的内涵联系到凶猛的野兽身上，这都是中国古典象征主义雕刻的美学风格。

雕刻中常见的飞龙、朱雀、奔马等都代表着力量强劲的精神内涵，使用此类蜜蜡的饰品，便能够达到辟邪、护佑的作用。

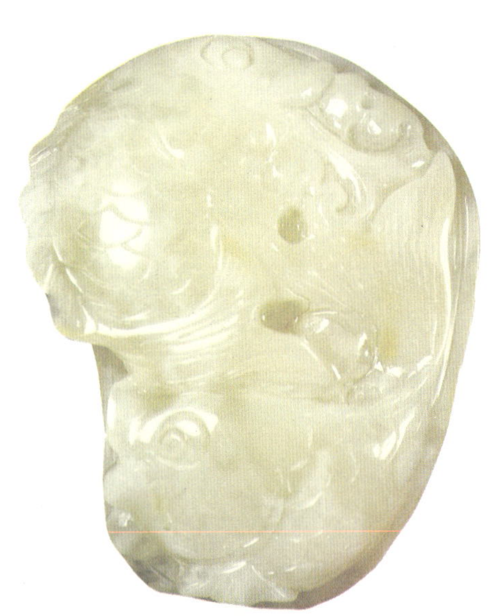
锦鲤雕件

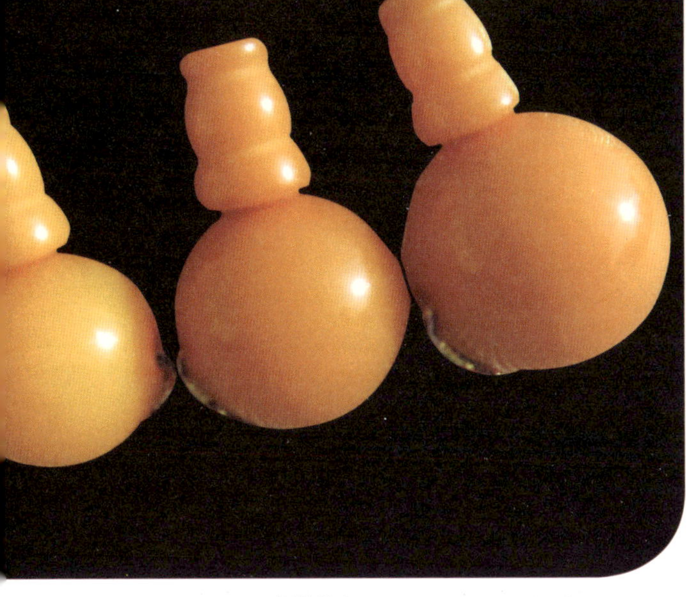
蜜蜡佛头

◆ 吉祥图案

我国人民喜欢蜜蜡，是出于祈祥求福的心态。因此，在蜜蜡的雕刻中仍旧利用我国传统的玉石文化传统图案设计。

蜜蜡的吉祥图案雕刻包括花卉、鸟兽，比方说喜鹊、蝙蝠、牡丹、荷花、莲蓬等，这些图案都有吉祥的寓意，因此是蜜蜡雕刻的重要题材。

◆ 佛教造像

佛教造像一直是雕刻的主要内容。佛教将蜜蜡与金、银、琉璃、珊瑚、砗磲、玛瑙划归为“七宝”，这是大吉大利之物。故而，蜜蜡雕刻的佛像一直都是人们喜欢而且常见的饰物。最常见的有弥勒佛、观音等。

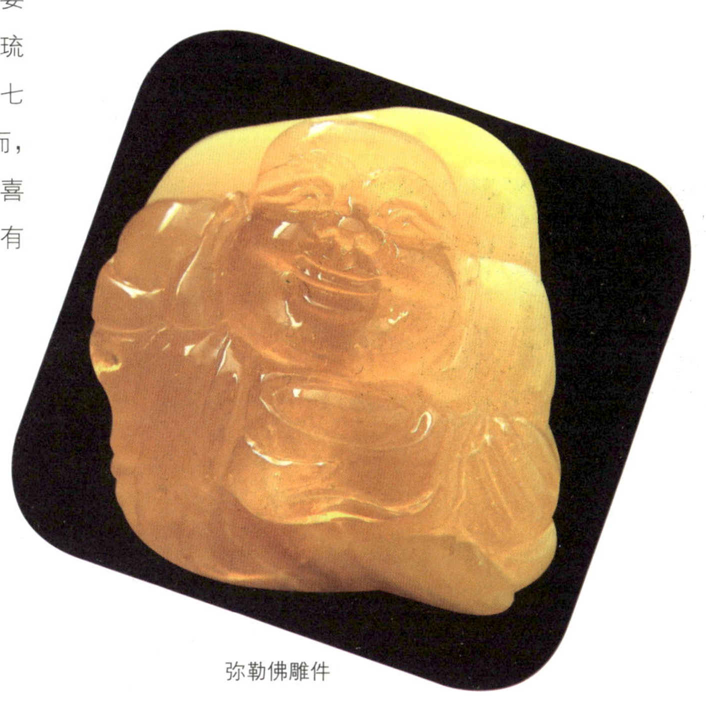
弥勒佛雕件

◆ 蜜蜡雕刻的欣赏

蜜蜡的质量轻而且折射率低，外观温润，触感柔和，能够给人一种非常安详和恬静的感觉，因此也变成了闲暇时把玩的常见物品。当然，也有许多人热衷于名家精品的收藏，以便保值、增值。下面就介绍下蜜蜡雕刻欣赏方面的知识。

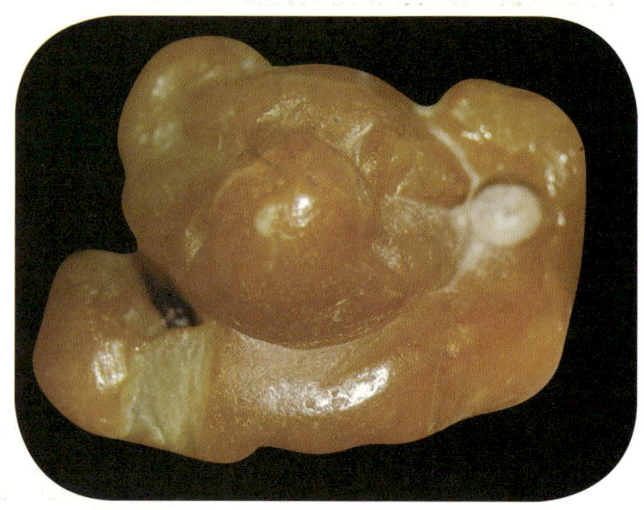

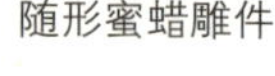

随形蜜蜡雕件

雄鹰展翅雕件

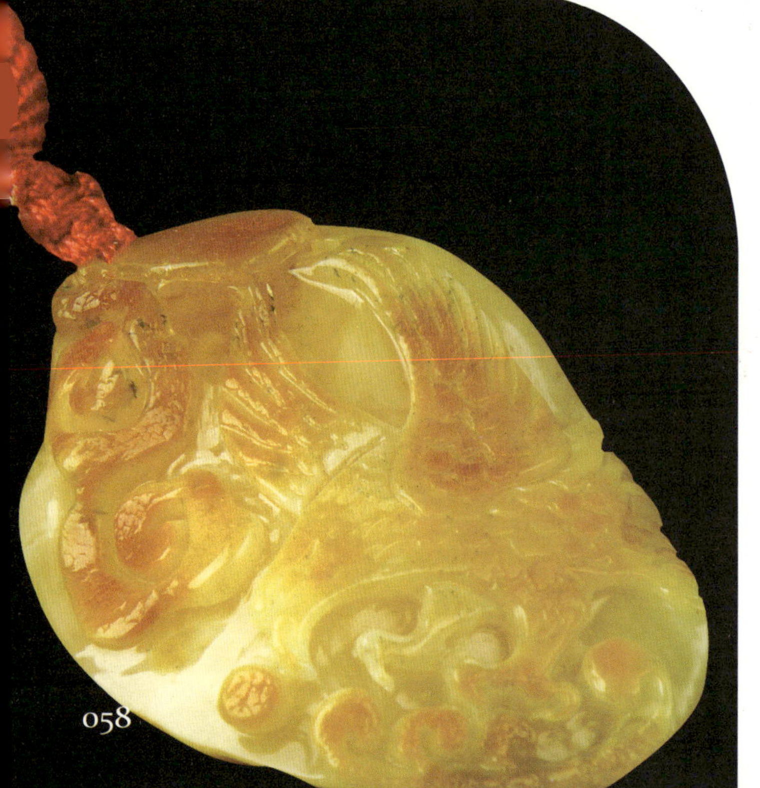

◆ 蜜蜡雕刻的手法

阴雕，又名凹雕。意思就是在宝石、玉石、印石等材料进行凹入表面的雕刻。

阳雕：又名为凸雕。意思就是在宝石、玉石、印石等材料上进行凸起于表面的雕刻。依据凸起的高度，具体可以划分成高阳刻、浅阳刻及高浅结合的雕刻方式。

浮雕：这种工艺是在材料上雕刻出浮在表面的各种图案形象。浮雕与凸雕很容易混淆。通常来说浮雕对比凸雕的图案更突起于表面，很多时候还会把图案的背景镂空，而凸雕并不使用这种方式。

浮雕挂件

西藏老蜜蜡

◆ 蜜蜡雕刻的工艺

雕塑艺术被誉为工艺的诗歌，是静止的舞蹈，这种艺术形式是永久的，同时也是高雅的。通常说来，欣赏一件蜜蜡雕工艺品，需要综合三方面的内容：首先需要了解工艺品表达的内涵，其次观察布局和雕工，最后是材质的问题。

下面对一些细节进行介绍。

材质

评价蜜蜡的材质，总体的要求是“料大、色正、雕工精”，蜜蜡体积越大，价值越高，色泽纯正而且雕工精湛的蜜蜡作品肯定价值不菲。

年年有余吊坠

题材

如果审视一件蜜蜡雕刻艺术品，题材则体现出了制作者本身的创作和想象能力。如果作品本身立意高远、题材新颖，那价值一定是比较高的。蜜蜡雕刻价值是不是够高，就题材而言，要看立意是否新颖，是不是有回味悠长的意蕴。

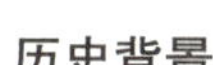

历史背景

充分认识作品的历史背景，以及创作时的文化状况、艺术家创作的心路历程、艺术风格流派等，对更好地理解作品的内涵大有裨益。

线条

蜜蜡雕基本的线条有直线、曲线和折线。每种线条的审美特质均不相同：直线代表了力量、稳定、生气、刚强；曲线则代表了优美、柔和，富有动感；折线的意思则是转折、突然、继续，折线的变动则有上升、下降、前进等诸多的含义。

天然蜜蜡吊坠

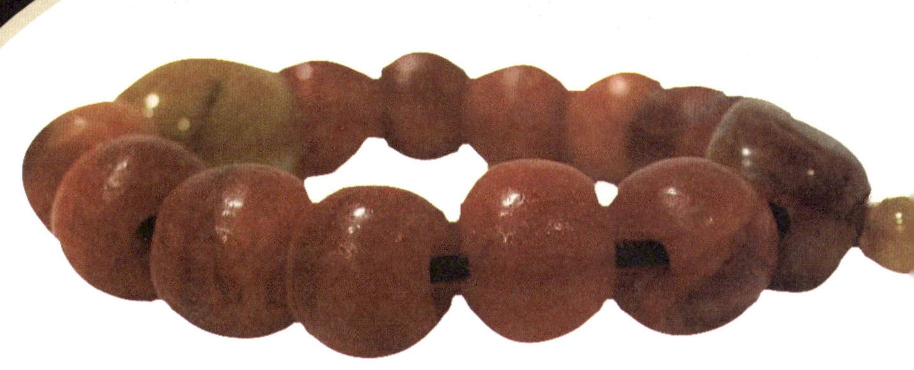

优秀的蜜蜡雕刻艺术品，线条的美感体现在两个方面：第一，线条带有规律性，不能东涂西抹、毫无秩序；第二，线条整体的运动感要非常顺畅，否则就会流于下乘。

立体效果

整体的造型是立体的，通常要考虑空间中整体的效果如何，之后从多个侧面进行欣赏；观察雕刻与环境的协调关系，还得在材质、色彩、光线的变化方面进行综合考虑。

玫瑰花吊坠

红蜜蜡桶珠手串

细部处理

蜜蜡的细节处雕刻需要兼顾艺术价值、创造性、独特性，细节部分的处理是相当重要的。颜色的利用也必须合理。

韵味

蜜蜡温润光滑，可塑性强，不仅可以典雅尊贵，还能够张扬前卫。这里所说的“韵味”，就是指蜜蜡雕刻艺术品中带有的独特气息。相同的题材能够大气，也可以局促；可以惹人沉醉，也可以食之无味。由于这种情况都是艺术品中呈现出来的不同韵味，因此收藏者在收藏的时候要仔细品味。

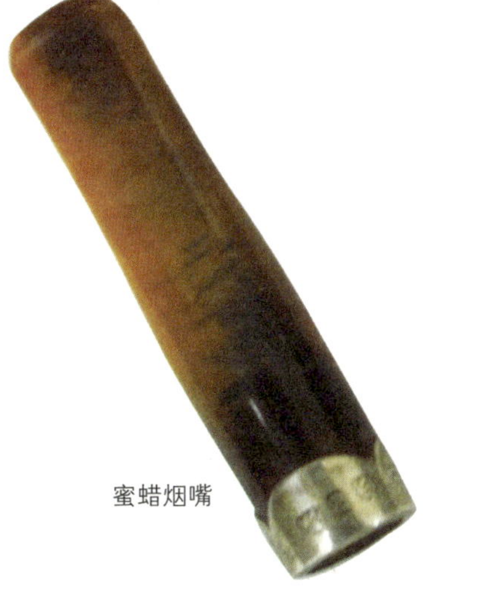

蜜蜡烟嘴

蜜蜡的收藏市场

国际蜜蜡市场

现在天然琥珀的出产日渐稀少，那些珍贵的蜜蜡更是罕见。预计在今后很长一段时间里，天然蜜蜡艺术品的收藏与投资价值会越来越高。

老蜜蜡酒壶摆件

目前，国外的蜜蜡市场主要分布在美国、加拿大、意大利、日本等国，这些国家本身也出产蜜蜡。

俄罗斯最著名的蜜蜡产地是加里宁格勒，加里宁格勒的列宁大街上有许多出售蜜蜡的商店。产品的种类包括胸针、项链、耳环、手镯、戒指、烟斗、装饰品盒和花瓶，另外还包括蜜蜡框的镜片，黑黄相间的国际象棋盘、帆船雕件以及各种小动物雕刻等。

加里宁格勒白蜜蜡

蜜蜡一直都是波兰的特色旅游工艺品，很多到波兰旅游的外国人归国的时候都要带一些蜜蜡饰品。波兰的蜜蜡主要销售到英国、法国、德国等欧洲的发达国家，波罗的海周边的那些国家，像立陶宛、瑞典、德国的蜜蜡通常也在这里加工和销售。

波兰蜜蜡饰品的种类丰富多样，常见的类型是小件装饰品、饰物和小摆件，比较难见到大型的雕刻工艺品。波兰著名的城市华沙有波兰规模最大的蜜蜡零售市场，这里还是成品的集散地。华沙的珠宝公司及工艺品柜台中随处可见蜜蜡的装饰品、镶嵌工艺饰品及摆件，可见蜜蜡强劲的市场消费力。同时，随着蜜蜡资源被迅速开采，它也变得更加珍贵，市场上蜜蜡的价格甚至超过了黄金。

波兰蜜蜡戒指

现在国际上的蜜蜡供应依然充足，中低档蜜蜡的市场需求巨大，尤其是流行饰物，这也直接影响到了蜜蜡的优化处理技术。由于处理成本低，最多见的是加热的蜜蜡和压固的蜜蜡，这些产品直接影响了蜜蜡价格，尤其是高质量蜜蜡的价格。蜜蜡除了做饰品外，还有医药和工业方面的用途，天然蜜蜡的价值仍旧比较高。

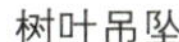
树叶吊坠

蜜蜡手串

罗马尼亚出产的蜜蜡往往颜色多样，在 20 世纪初，甚至成了欧美地区蜜蜡价值最高的产品。罗马尼亚出产的蜜蜡多用来制作珠宝装饰品，部分蜜蜡矿石出口到奥地利，在维也纳制作成与雪茄配套的烟管和烟盒。不过，罗马尼亚蜜蜡日渐稀少，已成为收藏品，因此需要到古董店淘宝。

蜜蜡把件

现在的天然蜜蜡产区主要在俄罗斯等国。因为大量的开采活动，蜜蜡的储存量迅速下降，产量随之受到影响，天然蜜蜡的国际市场价格迅速提高。由此，我们可以预测，天然蜜蜡艺术品的收藏与投资前景将会非常好。

蜜蜡艺术品在国际市场上的价格一度非常平淡，收藏的人并不多，直到 20 世纪 80 年代中期，宗教文物的收藏日渐火热，中国台湾、中国香港、新加坡、日本等地区的蜜蜡收藏因此日盛，价格随之水涨船高。到了最近一段时间，很多的欧美艺术品爱好者也开始购买蜜蜡，蜜蜡受到市场的热捧。

多米尼加蜜蜡雕件

我国蜜蜡市场

蜜蜡在国内的市场上相当受欢迎，收藏热度不次于金银、水晶等常见的收藏种类，我们国家市场上常见的蜜蜡品种包括：

1．多米尼加蜜蜡

多米尼加蜜蜡主要是由叶子和与榕树相类似的豆科古植物的树脂石化变成的，非常美丽，可是种类比较少，因此是珍贵的蜜蜡品种。

蜜蜡把件

雪山蜜蜡手镯

2．雪山蜜蜡

雪山蜜蜡的产地在中东和非洲，这种蜜蜡之所以名为雪山蜜蜡，并非因为产自雪山，而是因为这种蜜蜡具有色深、滋润的特点，色层、流纹丰富多彩、变化多端，很像是雪山的胜景。雪山蜜蜡的种类包括绿雪山、蓝雪山、黄雪山等。

3. 水蜡

水蜡中少见杂质，整体的感觉很透明，因此许多收藏者都比较青睐水蜡。

另外，平时常见的蜜蜡还包括含有丝状条纹的丝蜡、奶黄色和金黄色的波罗的海蜜蜡等。在上述介绍的种类中，价值最高的就是多米尼加蜜蜡，雪山蜜蜡和水蜡价值则比较低，不过价值并非绝对，还需要考虑年代的因素。价值更低一些的是丝蜡和波罗的海蜜蜡，这些蜜蜡一般价格相近。

蜜蜡珠手串

红蜜蜡吊坠

我国市场上的蜜蜡基本都不是产自国内的，主要是从俄罗斯、立陶宛等国家进口而来，这些地区的蜜蜡主要颜色有橙黄色、偏棕色、柠檬黄色，色泽通常比较浅，因此多用来制作小雕件。明黄色的蜜蜡不怎么常见，这种蜜蜡多数都是过去开采的，品质相对较高，现在的数量已经不多了。我国的青海、西藏地区有很多老黄蜡的藏品，其价值是相当高的。

现在我们国家的大型拍卖会上展示和拍卖的天然蜜蜡艺术品在价格和成交情况上比其他玉石要低，清代的蜜蜡挂珠、手链最终成交的价格在 2 万 ~5 万元之间，如果在市场上，平日的最终成交价格通常也是在这个水平。

蜜蜡手串

因为国内外蜜蜡产品的价格差异，东南亚地区的很多蜜蜡收藏者都将目标瞄准了我国的拍卖市场，这推动了我国蜜蜡产品的价格上升。

蜜蜡手串

蜜蜡的饰品种类

蜜蜡饰品是独特的、美丽的、有生气的，因此可以在任何场所佩戴，它的设计非常符合潮流，不但文雅，而且时尚。西方人将佩戴蜜蜡的人看成是有智慧的人，女士佩戴蜜蜡代表她品味不俗，男人佩戴蜜蜡则说明他沉稳可信。欧洲皇室、名媛、好莱坞影星也普遍认为佩戴蜜蜡的饰品是一种时尚。

蜜蜡珠子

现代饰品具有多元化的特征，饰品的设计风格通常包括三种：简约风格、民族风格和自然风格。

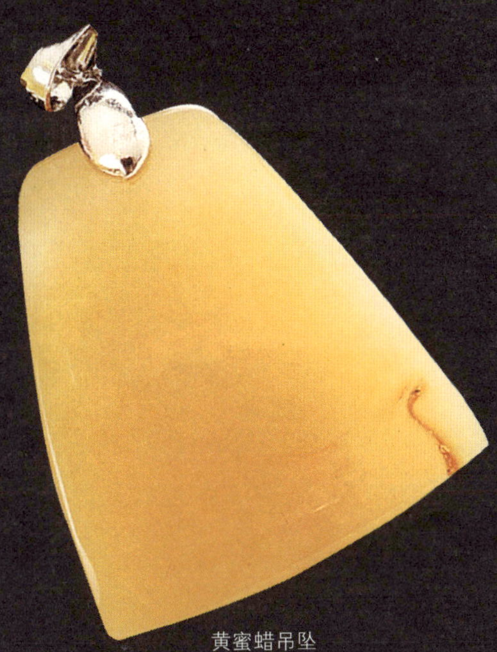

黄蜜蜡吊坠

饰品风格

◆ 简约风格

装饰品设计的主要原则是“少”即“多”，多利用抽象的造型，要求线条的简洁性，规划整体的效果，简约风格的饰品设计新颖，有独特的整体构思和完整的造型。

名称：吞宝貔貅

规格：55 克

产地：波罗的海

市场参考价：25800 元

◆ 民族风格

民族情怀是一种既复古又现代的情怀，因此，民族风格的饰品也一直深受人们的喜爱，它不仅具有神秘的年代感，也体现了复古的时尚潮流。民族风格的工艺品具有永不过时的特性。我国历史悠久，早在石器时代便有了红山文化的玉猪龙、良渚文化的玉琮，到了封建时代更是有各种美丽的玉璧、透雕以及雕有吉祥图案的工艺品，不同时期的饰品及生活用品都彰显了民族特色，富有艺术的美感。这些都为现代装饰品提供了设计灵感。

名称：极红皮蜜蜡

规格：46 克

产地：波罗的海

市场参考价：22800 元

◆ 自然风格

由于生活环境恶化，越来越多的人向往大自然，想回归自然。正因为如此，自然界中存在的动物和景观便成了珠宝设计师们灵感的来源。小小的装饰品便可以在一定程度上迎合此种情怀。自然风格的装饰品现在已经成为市场的主流。这种装饰品的特征有两个：一个是使用原型创作，然后结合自然形态特征；另一个是直接利用天然材质制作。现在，蜜蜡饰品越来越受到人们的关注，它的设计也更倾向于自然和时尚。

饰品的类型

蜜蜡饰品的类型主要包括手镯、戒指、耳坠、胸针、手串、佛珠、项链、摆件。将蜜蜡进行简单的雕琢和抛光，然后用中国绳结连接，便可以做成单独的饰品，另外还能够和其他宝石、金、银组合，做成各种类型的镶嵌饰品。蜜蜡相对其他宝石，在价格上低一些，现在很多的蜜蜡饰品都是利用银镶嵌的，做工比较粗糙。

◆ 项链

单套的项链按照项链的长度进行区分包括长项链、短项链，按照珠子的样式进行区分则包括圆珠串珠项链、随形项链、单色珠项链以及多色珠间隔串成的项链。珠子大小不一定，有大小相近的，也有大小分段串珠连接在一起的情况，使用金银珠子作为蜜蜡手串的隔珠是很常见的。因此项链的样式可以说是多种多样，很贴合流行的趋势。蜜蜡珠形状包括圆形、椭圆形、柱形等，佩戴珠子没有年龄限制。

目前，长项链比较流行，因为可以和时装搭配起来，能够起到画龙点睛的作用。另外，还有银和宝石镶嵌蜜蜡做成的项链，这种项链的风格是另外一种感觉。

双套蜜蜡项链通常是由短的和长的两条蜜蜡项链使用特殊的链扣进行固定做成的。双套项链的价格比较高，更能够凸显出佩戴者的美丽和高贵。

蜜蜡项链

蜜蜡项链

蜜蜡如果编织成蜜蜡项链，珠粒的直径就不宜太大，珠子形状包括长条形、球形、圆片形，项链有的时候还会扭转成麻花状，编成平行带状等。综合来说，蜜蜡项链是使用各种形状的蜜蜡珠子制作完成的。编织成花结的项链也常见，佩戴时可调整长短。

讲究的蜜蜡项链通常会使用蜜蜡坠，这样的整体效果更好。挂坠的形状不规则，可以任意搭配，彰显个性。

选购蜜蜡项链也要结合自己的经济情况，之后依据自己的心理价位购买。在蜜蜡制品中，大珠粒更加珍贵，瑕疵越少越好。质量出众的蜜蜡无裂纹、无杂质。

◆ 戒指

现在的蜜蜡戒指主要包括两种，一种是整块蜜蜡制成的指圈，另一种则是使用 925 银镶嵌蜜蜡制作完成的。镶嵌戒指有不同的款式，非常漂亮夺目。蜜蜡戒指按照镶嵌类型区分，则包括单颗珠镶、包边镶、爪镶。总的来说，蜜蜡戒指的风格包括以下几类：

◆ 简洁型

蜜蜡戒指的戒面可以制作成许多的形状，比方说椭圆形、方形、马眼形、三角形、不规则形、球形等，不同的戒面往往利用黄金、白银等金属进行包边镶嵌。简洁型戒指实用而且大方，能够体现出现代人摆脱传统束缚和勇于追求的思想。

蜜蜡戒指

◆ 自然型

蜜蜡配合彩色宝石进行镶嵌，使用花、草、树叶等自然的造型，搭配后可制成自然型蜜蜡戒指。宝石具有丰富的色彩，故而可以和蜜蜡形成对比，使戒指更加美丽动人。

蜜蜡戒指

蜜蜡戒指

◆ 民族型

民族型戒指常有不同的造型，常见的民族造型包括小葫芦、佛头、貔貅、十二生肖等。这种戒指带有鲜明的民族特色。戒指的戒托可以使用金银制作，也可以使用编绳。戒托的选择很随意，一般要符合其整体的风格。这种戒指价格相对便宜，因此，也比较适合追求时尚的年轻人。

戒指是人们生活中的重要饰品，相比其他饰品，戒指的寓意更深，也比其他饰品更能体现自身个性。通常来说，有修长手指的人适合选用方形或橄榄形的戒指，这样能让手看起来更秀美。如果手指短粗，最好佩戴重量适中、大小中等的椭圆形或马眼形戒指。购买的时候要留意戒指圈口，圈口大了容易脱落，圈口太小的话可能使手指的血液循环不流畅，进而影响到人的健康。

另外，还要在外观、形状、加工和工艺质量等方面仔细考量。观察戒面和戒托是否有松动，以及周围配石镶嵌的质量，金属托是否光滑，有无“沙眼”，金属爪能否扣紧戒面等。

蜜蜡戒指

蜜蜡耳饰

蜜蜡耳饰

◆ 蜜蜡耳饰

蜜蜡耳饰的类型包括耳钉、耳环、耳坠。耳饰的大小和形状的变化，都能够引起视觉上的改变，不但能够美化容貌，还可以增添高贵的气质。从古代开始，女性就很喜欢利用耳饰进行装饰。蜜蜡的耳饰形式包括插针式、螺丝式、弹簧式和搭拍式，形状方面则有圆环形、圆形、方形、长条形，以及不规则的几何形、花朵形等。另外，耳坠的造型是多样化的，可长可短。

购买耳饰需要注意：对于插针式耳饰，佩戴者必须有耳洞，螺丝式、弹簧式、搭拍式则不需要耳洞，多样的耳饰满足了不同女士的需求。另外还可以按照自己的发型、脸型进行挑选。挑选到适合的耳饰，会给脸部增添生机和活力。瘦脸戴耳饰是最适合的，脸部消瘦的女性适合佩戴大的、圆形的耳饰。椭圆形、长方形耳钉则更适合椭圆形的脸。另外，长耳坠能使脸部显得修长柔美。当然，针对更多不同的脸型，不同的耳坠需要在佩戴之后才能看到效果如何。

灵宝老蜜蜡

◆ 头饰

汉族的现代头饰中最常见的种类是发夹，我国的少数民族女子头饰则可以说是多姿多彩，不同的年龄和地域，在头饰上也有相应的变化。比方说藏族，不同地区的头饰都不一样。蒙古族的妇女经常在自己的头上使用蜜蜡、珊瑚饰品。通常说来，少数民族妇女的饰品上面都镶嵌了珠宝，其中蜜蜡是最常见的一种。

古代的头饰种类包括簪、钗、步摇等，镶嵌物多为珠宝、玉石、珊瑚、蜜蜡。

蜜蜡手镯

◆ 套饰

套饰的类型有戒指、项坠、耳饰，小一些的还有胸针、手链（手排）、项链、脚链。套饰最讲究的是颜色、光泽、质地、形状上的协调和一致。

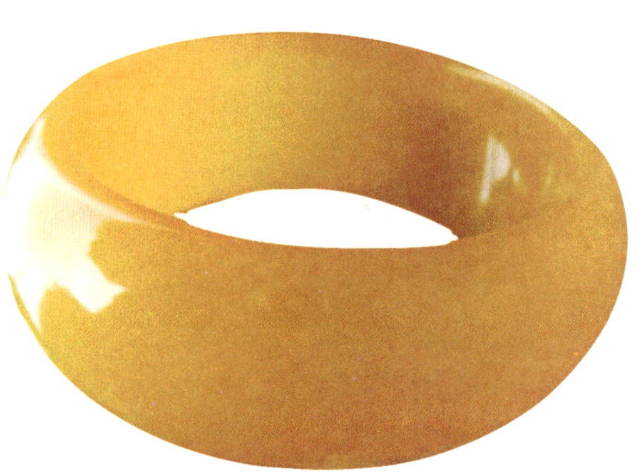
蜜蜡手镯

手串或手镯是最常见的套饰。蜜蜡手串常见的造型包括圆形、椭圆形、不规则形，也有将单排手串、多排串珠整合到一起的情况，还可以将蜜蜡片编织成排状，也可以将蜜蜡雕成不同的造型，之后用中国结进行连接。

蜜蜡手镯包括圆形的手镯、椭圆形贵妃手镯，有宽条的，也有窄条的。通常说来，宽条手镯造型美观，而且大气百搭，因此现在比较流行。

购买手串的时候要注意珠子的大小和数量是不是合适，另外，还需要观察珠子的孔是否在中间，珠串的绳子和绳结质量怎样。购买手镯要看圈口，通常套上塑料袋然后可以戴上为好，不能太紧或太松。使用整块蜜蜡制作的手镯比那些拼接组合做成的手镯价值更高。瘦长胳膊的女性通常可以戴上两个或两个以上的手串，双手单手问题都不大。

蜜蜡手镯

蜜蜡雕件

◆ 蜜蜡摆件

蜜蜡摆件非常赏心悦目，通常摆放在桌子上或玻璃的陈列橱里。如果蜜蜡工艺品的构思巧妙、工艺精湛，而且使用上乘的用料，则能够放到居室或厅堂会所之中。使用质量出众的原料，摆件的艺术价值相对会高一些。

蜜蜡雕件

设计蜜蜡的摆件通常要考虑蜜蜡的大小、形状、颜色，还要注意摆件的题材和造型。蜜蜡摆件的题材有人物、寿星、佛、观音、蜜蜡球、动物、小孩等。蜜蜡摆件的制作包含了艺术家的心血，每件摆件都力求有精致的雕工，人物、动物形象也都非常生动。

蜜蜡雕件

蜜蜡雕件

蜜蜡摆件价格很高，通常来说，可以依据个人的喜好和雕工的情况进行选择。如果是名家作品，那么升值潜力更大。

蜜蜡服饰饰品

清朝的皇室朝服包括三串朝珠，通常来说，左右两串是珊瑚，皇贵妃、皇太子妃、贵妃的中央饰物是蜜蜡或琥珀。

我国的很多民族，比如说蒙古族、藏族、彝族、回族，很喜欢使用蜜蜡、珊瑚、绿松石制作饰物。西藏的喇嘛身上有许多饰物，从头到脚，无处不饰，使用的饰物主要有蜜蜡、绿松石、珊瑚、翡翠等。

蜜蜡胸针

老蜜蜡坠子

◆ 胸饰

胸饰通常是指佩戴到胸前的饰品，比方说胸坠、胸花。制作胸饰的时候常用蜜蜡镶嵌，这样的搭配相得益彰。蜜蜡的胸坠常使用如意图案，主题为祝寿、喜庆、求福、求官、个人修养，还有佛教的观音等图案。在图案的选择上常用谐音的艺术手法，或是用比拟、象征等方法进行寓意的表达。

老蜜蜡珠子

老蜜蜡珠子

◆ 胸针、腰带、念珠

胸针具有画龙点睛的作用，当女士穿的服装相对比较素雅时，胸针便可以增色。蜜蜡腰饰包括腰带、腰间装饰带，宽窄均可，通常利用金属镶嵌蜜蜡或是中国结进行连接。蜜蜡念珠是佛教僧人所佩戴的由珠子串成的链子，总数一般为108粒，中间是佛头。珠子形状有圆的、椭圆的，直径从几毫米到几厘米都有。

蜜蜡的存放与保养

当我们了解了蜜蜡的质地和鉴定知识以后，怎么保存蜜蜡，怎样合理佩戴蜜蜡制品就是接下来要解决的问题了。人们都希望自己的蜜蜡精致、圆润，保养得当。但是，如果平常存放不当或是保养不到位，就会直接伤害蜜蜡，导致价值的损失，这无疑是很可惜的，因此必须掌握正确的蜜蜡保养方法。下面我们对于保养的知识进行介绍。

蜜蜡手串

蜜蜡的存放要素

◆ 温度和湿度

蜜蜡首饰的禁忌是高温，因此必须避免将蜜蜡长时间放置在阳光下或是暖炉边烘烤。

蜜蜡也很容易脱水，一方面要预防高温，一方面要注意不能把蜜蜡放到干燥的环境中，因为干燥会导致裂纹出现。

放置的环境不能有太大的温度变化，蜜蜡的保存环境需要相对稳定的温度和湿度，这样才能保证蜜蜡的最佳状态。

◆ 化学试剂

化学试剂会直接影响蜜蜡的品质，尽量避免蜜蜡接触酒精、汽油、煤油等物品。我们的生活中有些物品，如指甲油、香水、发胶、杀虫剂等，都可能伤害蜜蜡，因此必须要远离。

蜜蜡雕花

蜜蜡通常不能放到化妆柜中，因为化妆品会影响蜜蜡。另外，喷香水或发胶时，也尽量要避开蜜蜡首饰，因为这会影响蜜蜡的品质。

◆ 防碎防裂

蜜蜡因为硬度低而易碎，平时就应该避免摩擦、刮花的情况，并避免和钻石等硬度高的首饰存放在一起。

蜜蜡鹰雕件

蜜蜡的保养方法

蜜蜡的养护也是个难题，保养得当的话能够延长蜜蜡的寿命，还能给蜜蜡增加独特的魅力。通常说来，蜜蜡形成过程中经过了很长的地质时间，基本不会挥发，蜜蜡本身的硬度、耐磨性和耐腐蚀性也能够抵御一定的侵害，在日常生活中，正确的保养并不是很难。

蜜蜡手串

◆ 正确清洗

蜜蜡不能和硬物摩擦，否则会产生细痕，之后就会变得毛糙。许多人在清洗蜜蜡的时候，往往会使用毛刷或牙刷，这种行为是错误的，直接的后果就是蜜蜡粗糙化，黯然失色。

长期暴露在空气中或是佩戴过久，蜜蜡表面肯定会沾染灰尘和汗水，这就需要清洗。将蜜蜡放入加有中性清洁剂的温水，经过一定时间的浸泡后，用手搓净后拿出来，使用毛巾等柔软的洁具进行擦拭，等蜜蜡干燥后，表面滴上少许的橄榄油或茶油，然后进行涂抹，橄榄油这个时候会遍布整个蜜蜡，再擦拭一下，把多余油渍清理干净，蜜蜡即可恢复光泽。

蜜蜡平安坠

雪山蜜蜡手串

◆ 恢复光泽

长时间的佩戴往往会导致蜜蜡表面因氧化而变得暗淡，面对这种情况不要用力清洗，而是应该使用女性用的丝袜、棉布等相对柔软的布料对蜜蜡进行包裹，之后轻轻摩擦蜜蜡表面，直到微微发热，热量会直接影响到蜜蜡的内部，消失的光泽会重新展现出来。

◆ 长期佩戴把玩

保存蜜蜡最佳的办法就是长期佩戴，通常来说，人体的油脂和温度都能够让蜜蜡出现反应，不但可以让它变得美观，而且会让它越戴越亮。平时多抚摸蜜蜡，还能够让人的内心宁静。

◆ 小心受损

有的收藏者会利用首饰店中的超声波清洗仪清理首饰，不过此类办法仅适用于金属首饰，并不适合蜜蜡，甚至可能把蜜蜡洗碎，使蜜蜡遭受大的损伤。

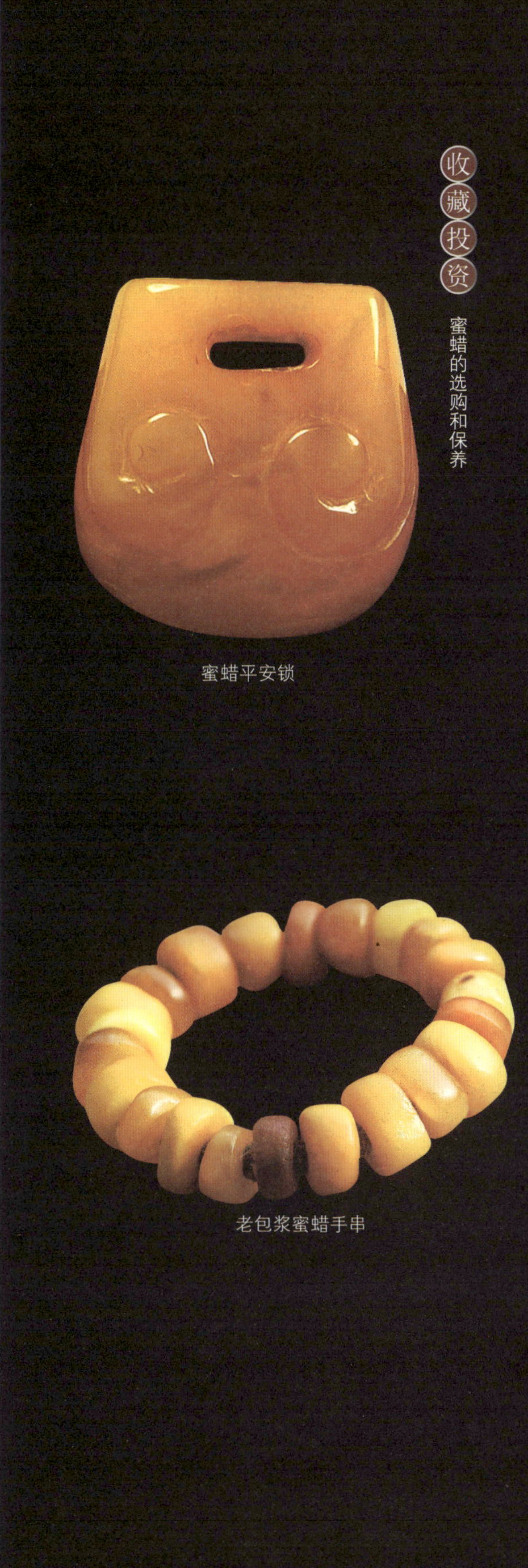

蜜蜡平安锁

老包浆蜜蜡手串

惊艳绝伦：精品蜜蜡鉴赏

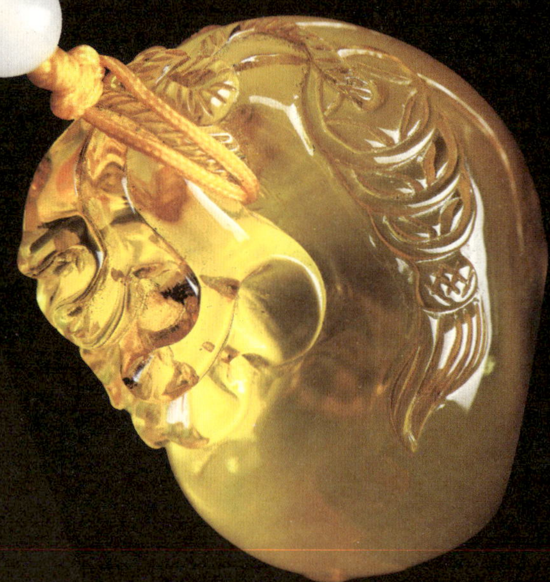

名称：招财福袋
规格：26 克
产地：波罗的海
市场参考价：15000 元

名称：富富有余
规格：15 克
产地：波罗的海
市场参考价：8000 元

名称：多子多福

规格：25 克

产地：波罗的海

市场参考价：18000 元

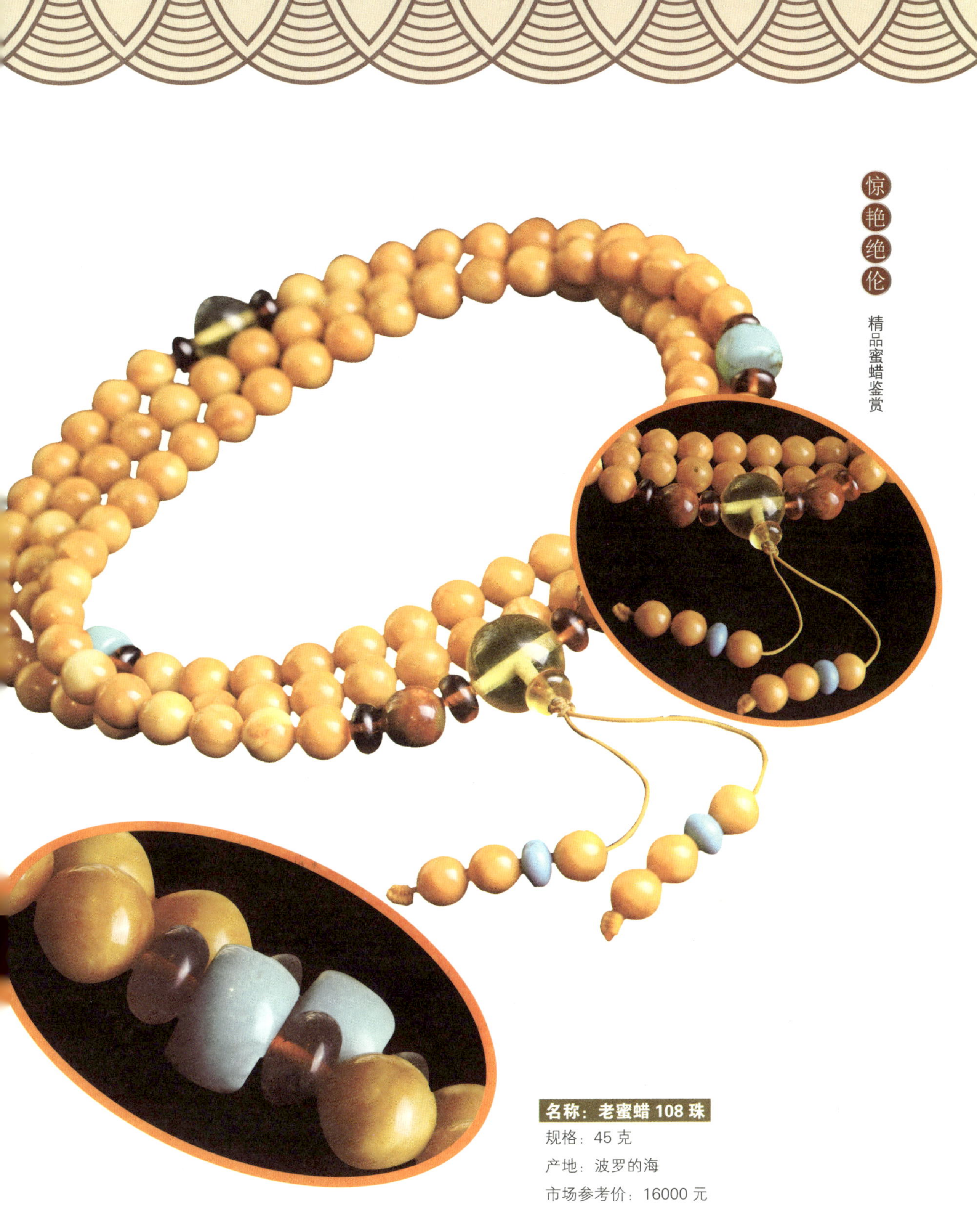

名称：老蜜蜡 108 珠

规格：45 克

产地：波罗的海

市场参考价：16000 元

名称：财神

规格：11.2 克

产地：波罗的海

市场参考价：5800 元

名称：貔貅

规格：5.6 克

产地：波罗的海

市场参考价：5600 元

名称：弥勒

规格：14.9 克

产地：波罗的海

市场参考价：8800 元

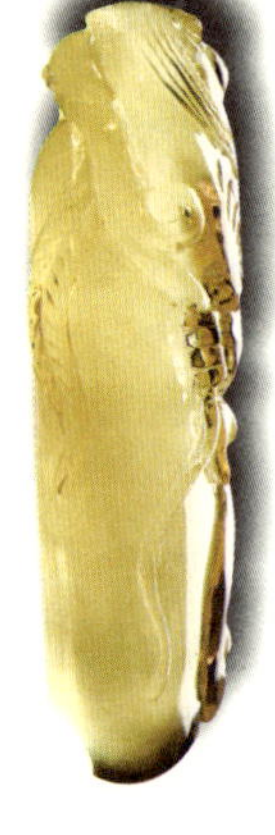

名称：如意貔貅

规格：10.2 克

产地：波罗的海

市场参考价：8800 元

名称：弥勒

规格：16.6 克

产地：波罗的海

市场参考价：8800 元

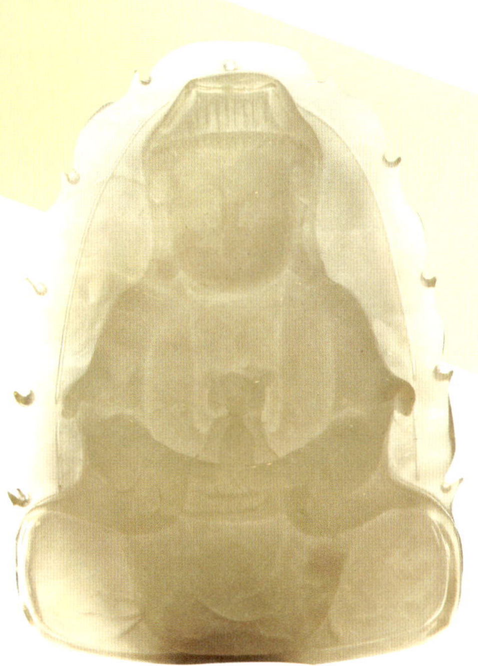

名称：观音

规格：15.1 克

产地：波罗的海

市场参考价：8600 元

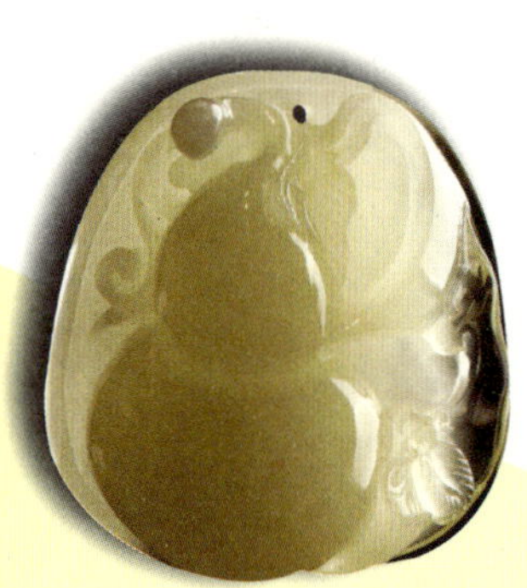

名称：福禄

规格：15.8 克

产地：波罗的海

市场参考价：11000 元

名称：福袋

规格：18.9 克

产地：波罗的海

市场参考价：14800 元

名称：福寿万代

规格：16.7 克

产地：波罗的海

市场参考价：12800 元

名称：福寿双全

规格：16.7 克

产地：波罗的海

市场参考价：12800 元

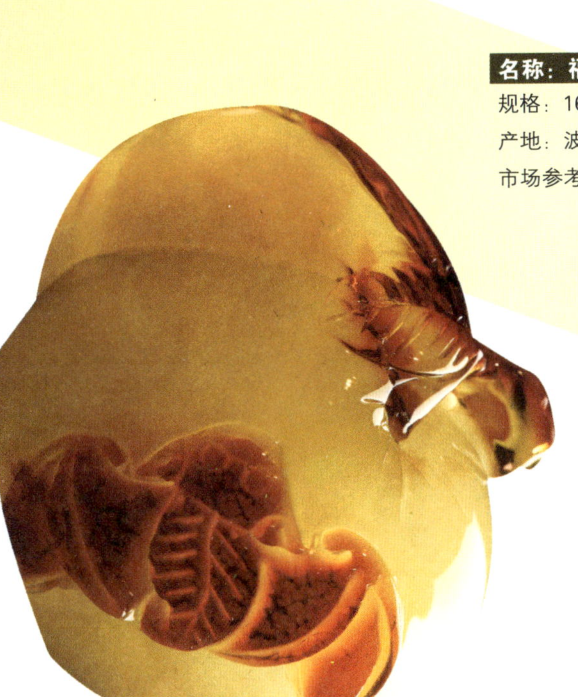

名称：如意

规格：6.8 克

产地：波罗的海

市场参考价：5800 元

名称：关公

规格：15.8 克

产地：波罗的海

市场参考价：19800 元

名称：连年有余

规格：23.6 克

产地：波罗的海

市场参考价：19800 元

名称：弥勒佛

规格：25 克

产地：波罗的海

市场参考价：26800 元

名称：随形

规格：28 克

产地：波罗的海

市场参考价：18800 元

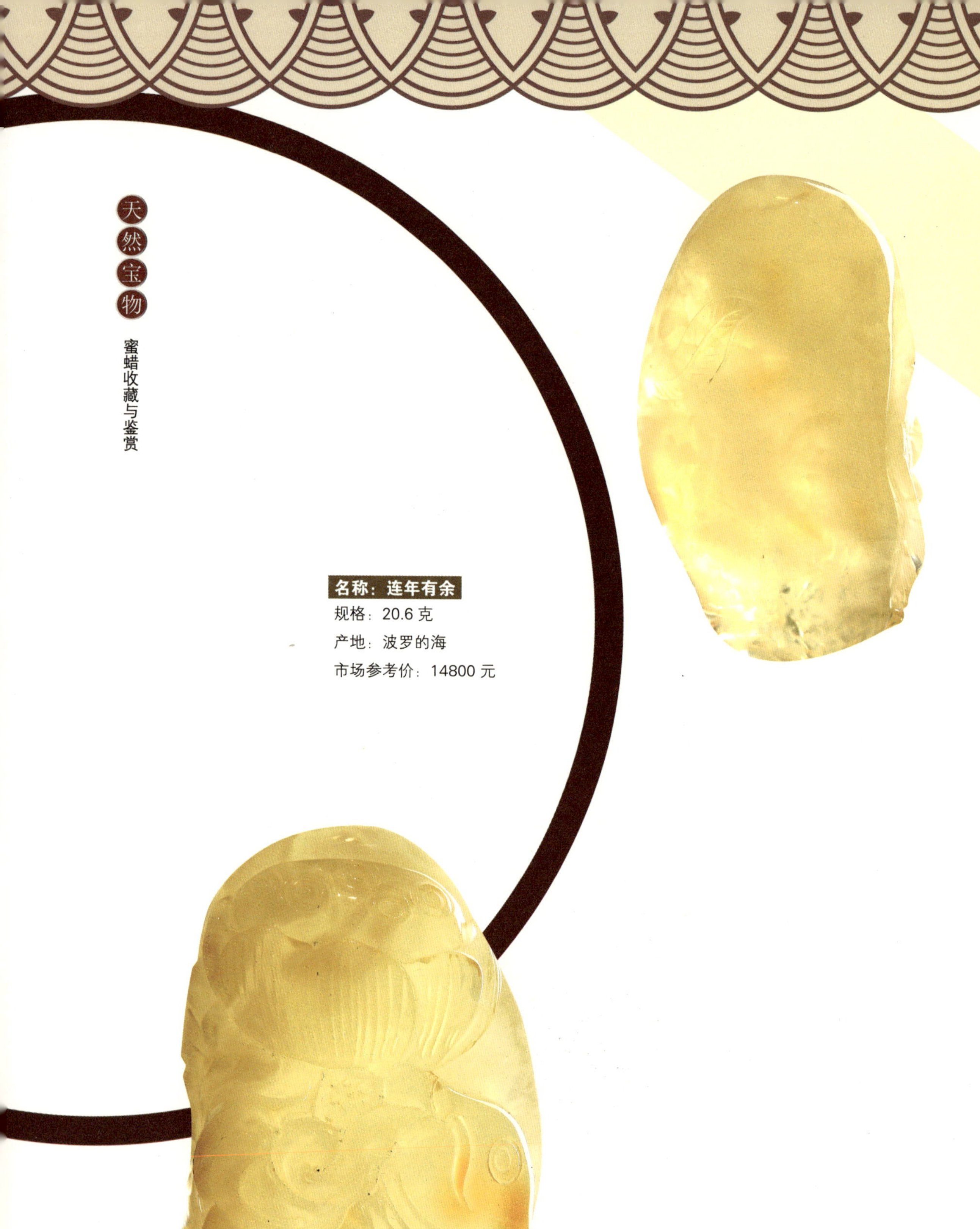

名称：连年有余

规格：20.6 克

产地：波罗的海

市场参考价：14800 元

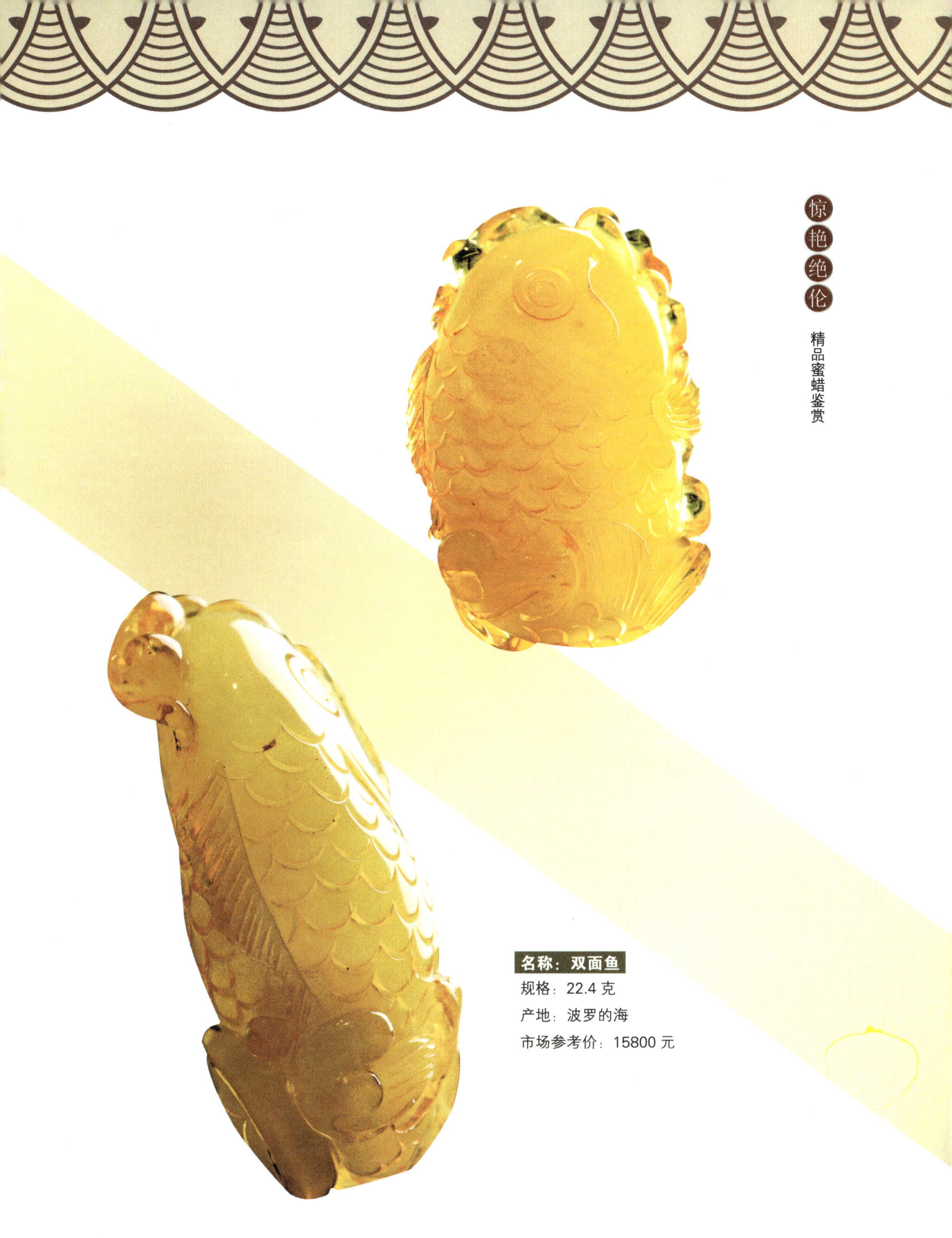

名称：双面鱼

规格：22.4 克

产地：波罗的海

市场参考价：15800 元

名称：弥勒

规格：52 克

产地：波罗的海

市场参考价：29800 元

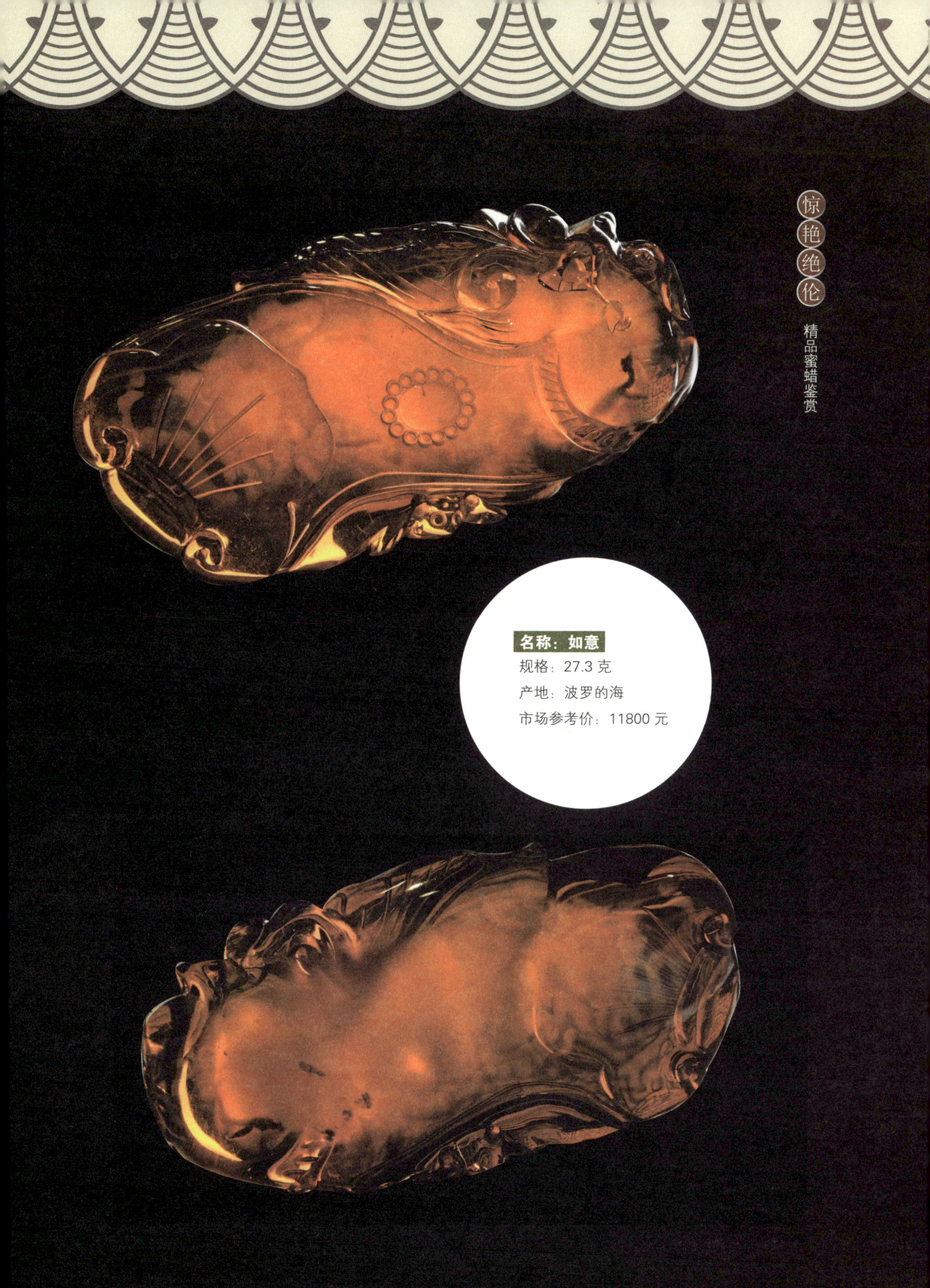

名称：如意
规格：27.3 克
产地：波罗的海
市场参考价：11800 元

名称：弥勒
规格：5.8 克
产地：波罗的海
市场参考价：990 元

名称：寿桃
规格：6.6 克
产地：波罗的海
市场参考价：1200 元

名称：福寿如意

规格：6.9 克

产地：波罗的海

市场参考价：1200 元

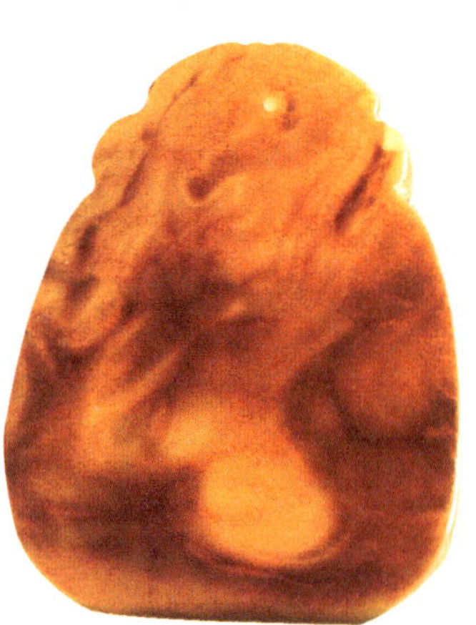

名称：龙

规格：6.6 克

产地：波罗的海

市场参考价：2800 元

名称：随形

规格：8.2 克

产地：波罗的海

市场参考价：1600 元

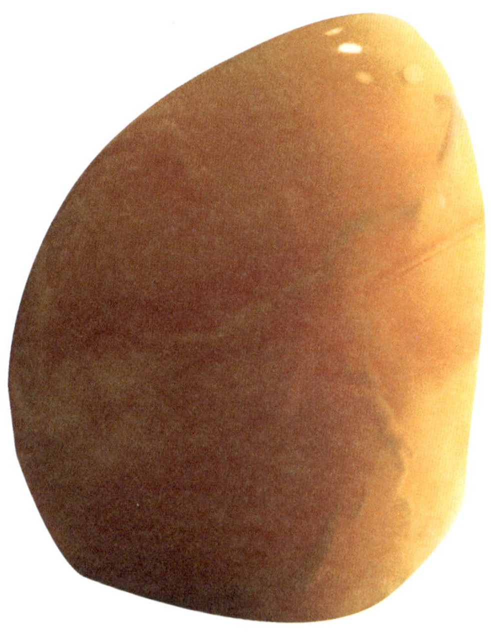

名称：随形

规格：7.7 克

产地：波罗的海

市场参考价：1500 元

名称：竹报如意
规格：5.3 克
产地：波罗的海
市场参考价：990 元

名称：随形
规格：6.4 克
产地：波罗的海
市场参考价：1200 元

名称：兽回头

规格：6.6 克

产地：波罗的海

市场参考价：1200 元

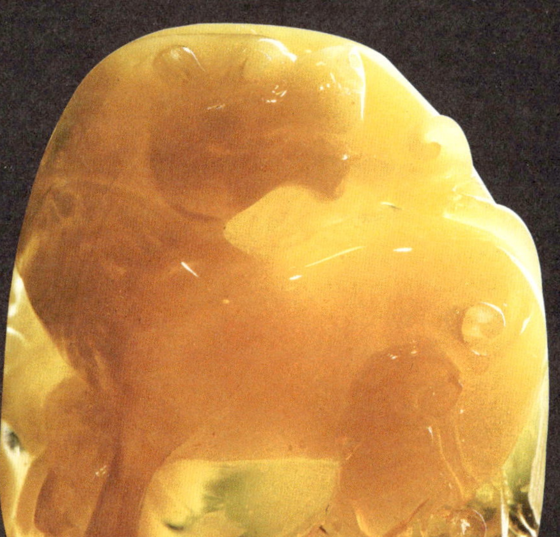

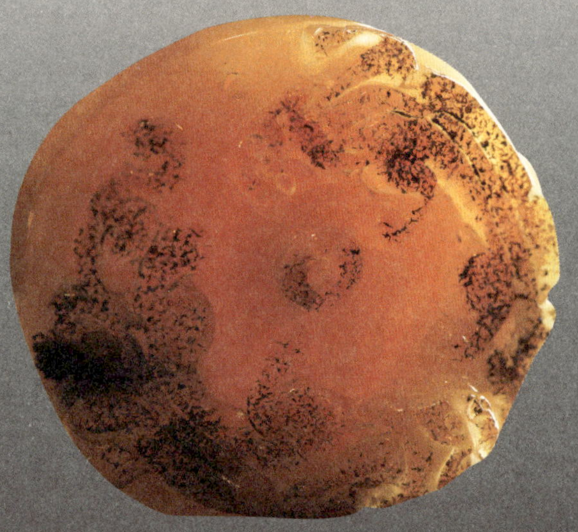

名称：双鬟

规格：8.2 克

产地：波罗的海

市场参考价：1500 元

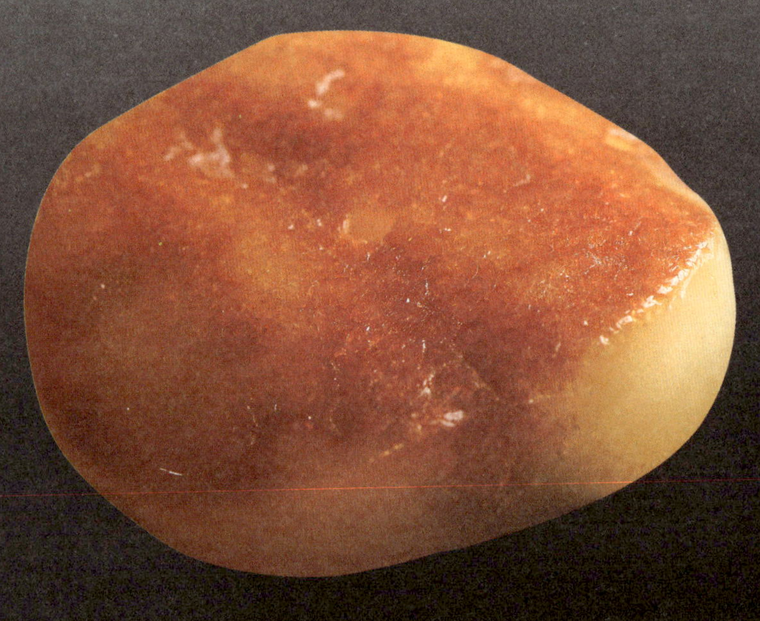

名称：如意寿桃

规格：5.8 克

产地：波罗的海

市场参考价：1200 元

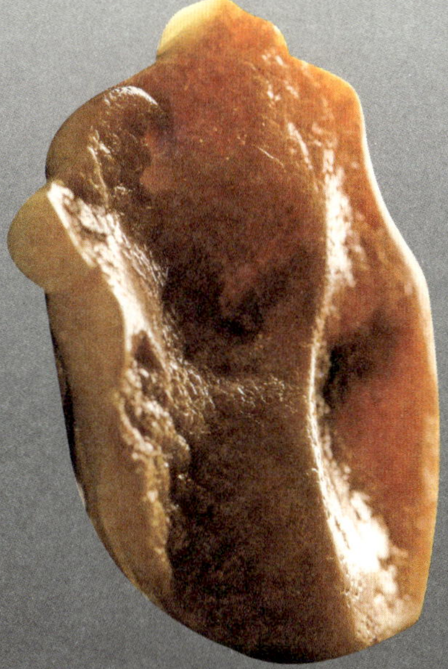

名称：随形
规格：6.7 克
产地：波罗的海
市场参考价：1300 元

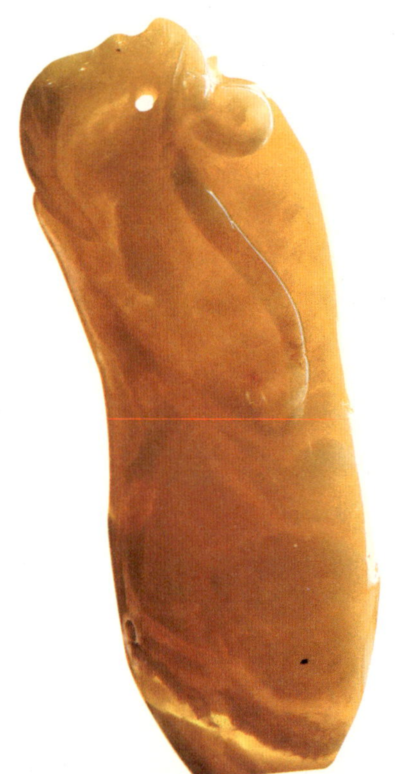

名称：福瓜
规格：4.6 克
产地：波罗的海
市场参考价：1100 元

名称：兽如意

规格：6.9 克

产地：波罗的海

市场参考价：1200 元

名称：喜上如意

规格：5.8 克

产地：波罗的海

市场参考价：1500 元

名称：如意
规格：4.7 克
产地：波罗的海
市场参考价：1200 元

名称：代代富贵

规格：8 克

产地：波罗的海

市场参考价：2600 元

名称：108 颗老蜜蜡念珠
规格：0.8 厘米（直径）
产地：波罗的海
市场参考价：11000 元

名称：多子多福

规格：88 克

产地：波罗的海

市场参考价：52800 元

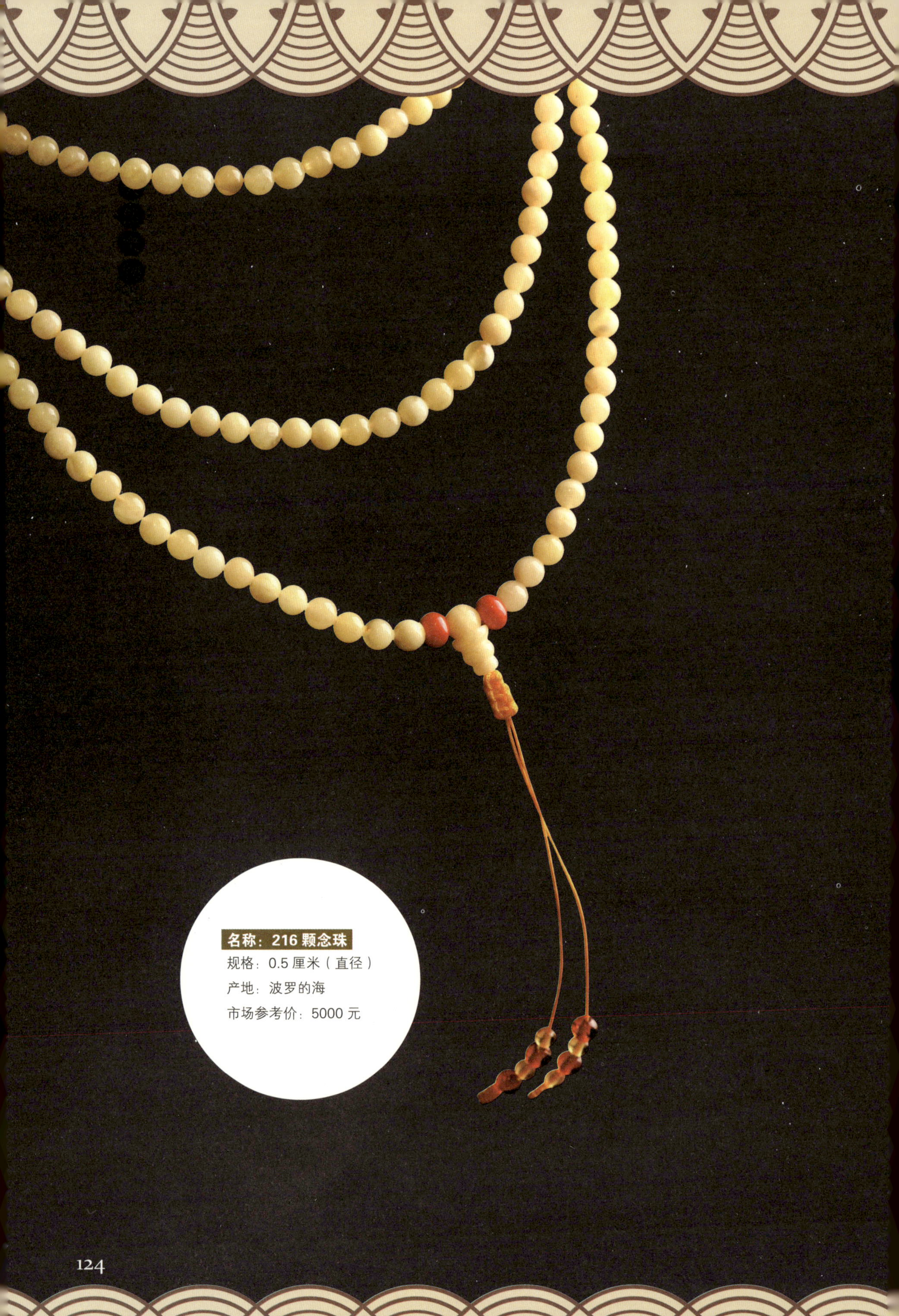

名称：216 颗念珠

规格：0.5 厘米（直径）

产地：波罗的海

市场参考价：5000 元

名称：手串

规格：2 厘米（直径）

产地：波罗的海

市场参考价：9800 元

名称：手串

规格：2.1 厘米（直径）

产地：波罗的海

市场参考价：22000 元

名称：年年有余

规格：56.3 克

产地：波罗的海

市场参考价：40000 元

名称：福在眼前

规格：7.3 克

产地：波罗的海

市场参考价：2500 元

名称：钱袋

规格：8.3 克

产地：波罗的海

市场参考价：2900 元

名称：如意

规格：5.2 克

产地：波罗的海

市场参考价：1800 元

名称：福瓜

规格：6.1 克

产地：波罗的海

市场参考价：2100 元

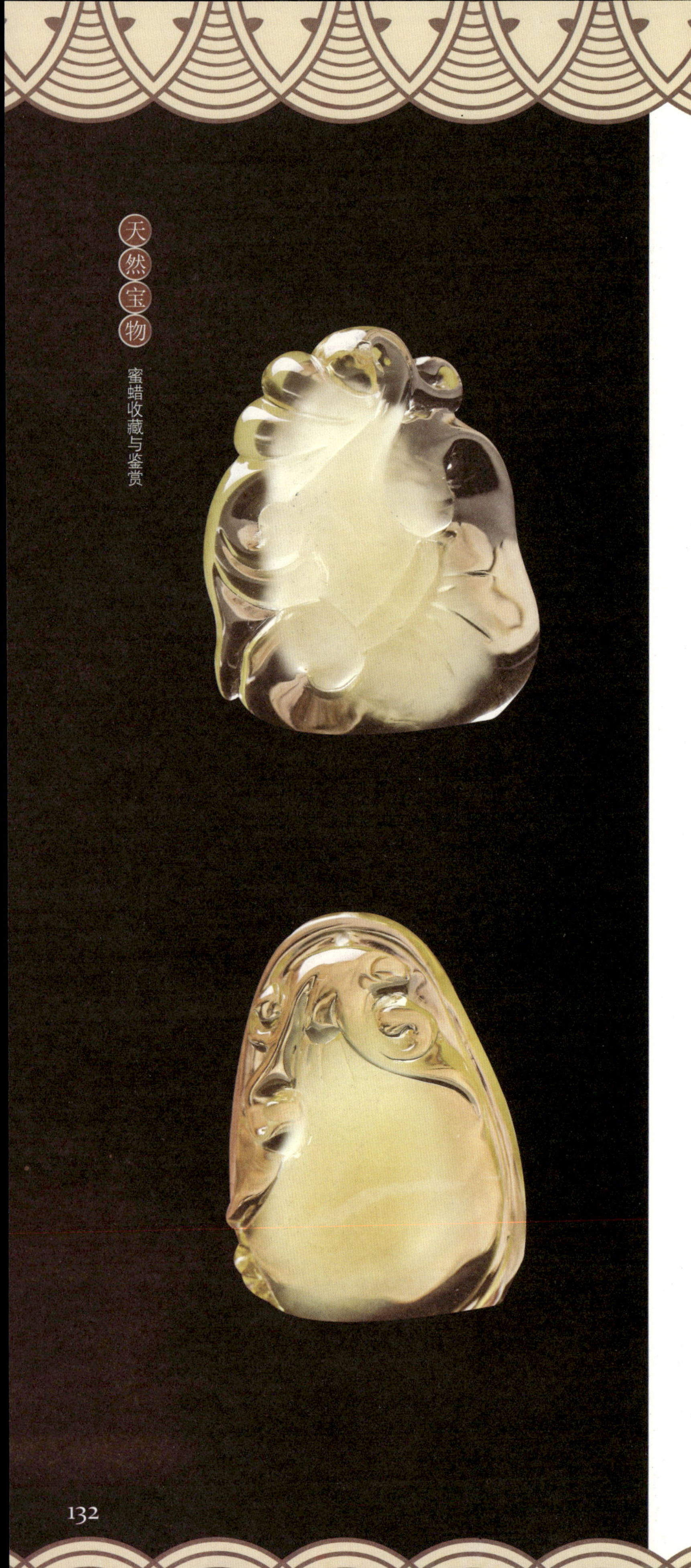

名称：如意

规格：6.6 克

产地：波罗的海

市场参考价：2400 元

名称：福瓜

规格：6.9 克

产地：波罗的海

市场参考价：2400 元

名称：福在眼前

规格：6.7 克

产地：波罗的海

市场参考价：2300 元

名称：年年有余

规格：8.5 克

产地：波罗的海

市场参考价：3000 元

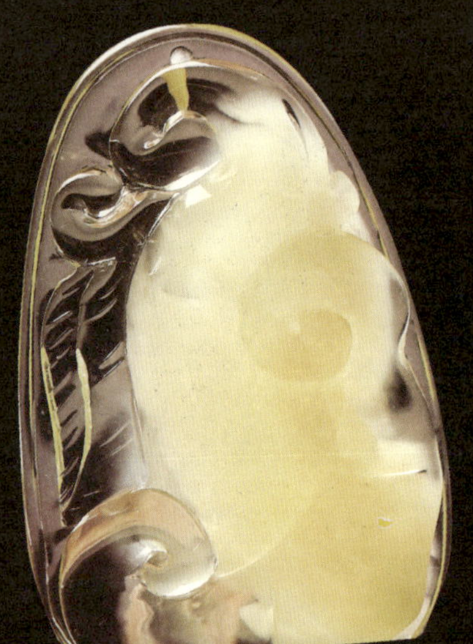

名称：如意

规格：5.5 克

产地：波罗的海

市场参考价：1900 元

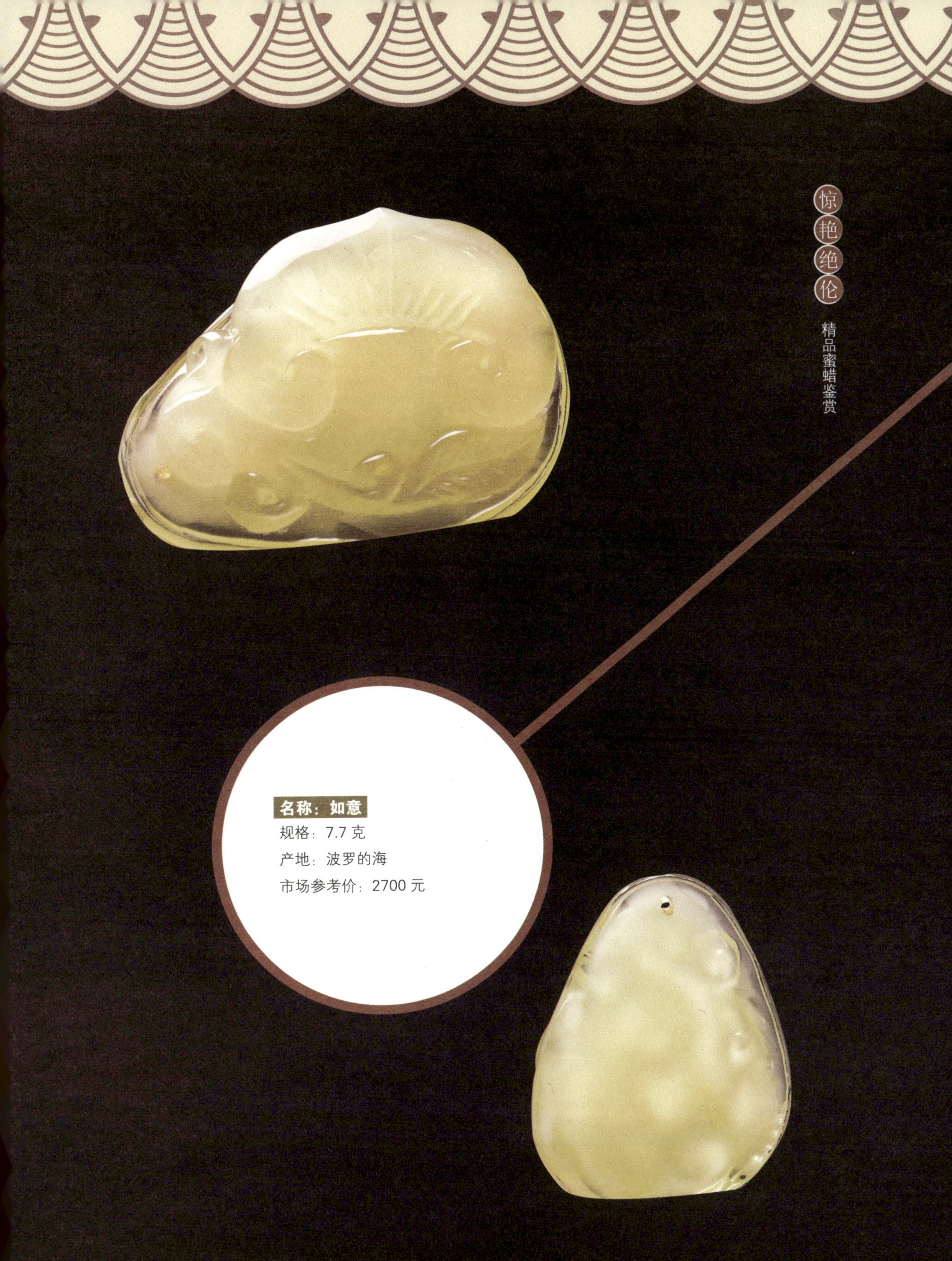

名称：如意

规格：7.7 克

产地：波罗的海

市场参考价：2700 元

名称：如意

规格：5.5 克

产地：波罗的海

市场参考价：1800 元

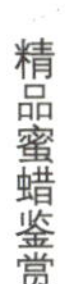

名称：心满如意

规格：5.2 克

产地：波罗的海

市场参考价：1900 元

名称：如意
规格：7.4 克
产地：波罗的海
市场参考价：2600 元

名称：多子多福

规格：7.4 克

产地：波罗的海

市场参考价：2600 元

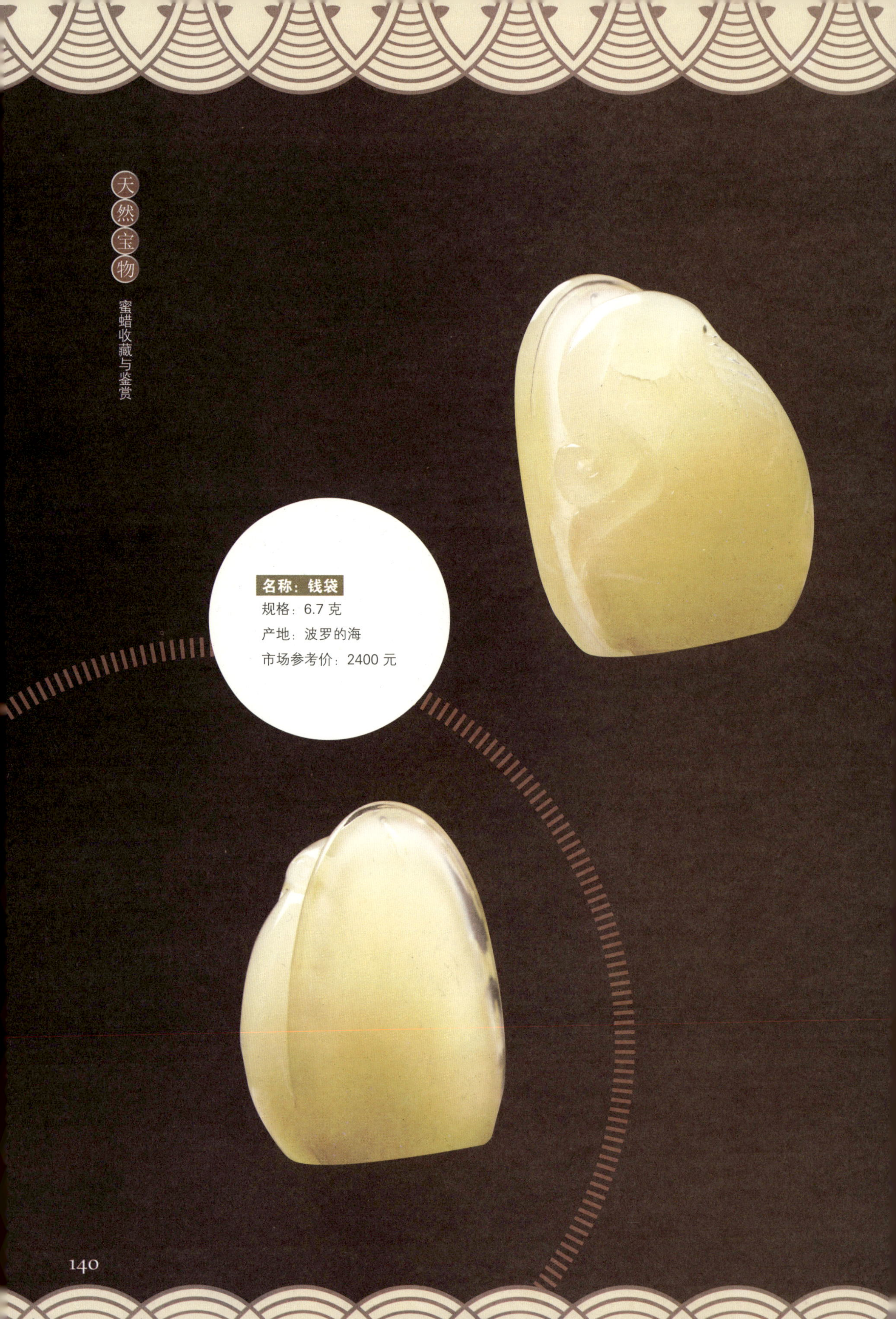

名称：钱袋
规格：6.7 克
产地：波罗的海
市场参考价：2400 元

名称：随形

规格：4.2 克

产地：波罗的海

市场参考价：1500 元

名称：随形

规格：4.5 克

产地：波罗的海

市场参考价：1600 元

名称：弥勒佛

规格：16.8 克

产地：波罗的海

市场参考价：9800 元

名称：如意

规格：5.6 克

产地：波罗的海

市场参考价：4600 元

名称：四季如意

规格：12 克

产地：波罗的海

市场参考价：26800 元

名称：随形

规格：3.8 克

产地：波罗的海

市场参考价：1300 元

名称：随形

规格：3.8 克

产地：波罗的海

市场参考价：1300 元

名称：随形

规格：4.4 克

产地：波罗的海

市场参考价：1500 元

名称：随形

规格：4 克

产地：波罗的海

市场参考价：1400 元

名称：随形

规格：4 克

产地：波罗的海

市场参考价：1400 元

名称：随形
规格：3.3 克
产地：波罗的海
市场参考价：1200 元

名称：随形

规格：3.3 克

产地：波罗的海

市场参考价：1200 元

名称：随形
规格：1.7 克
产地：波罗的海
市场参考价：600 元

名称：随形

规格：1.3 克

产地：波罗的海

市场参考价：500 元

名称：随形

规格：1.1 克

产地：波罗的海

市场参考价：400 元

名称：随形

规格：1.7 克

产地：波罗的海

市场参考价：600 元

名称：随形

规格：1.5 克

产地：波罗的海

市场参考价：500 元

名称：随形

规格：2 克

产地：波罗的海

市场参考价：700 元

名称：连年有余

规格：7.8 克

产地：波罗的海

市场参考价：1600 元

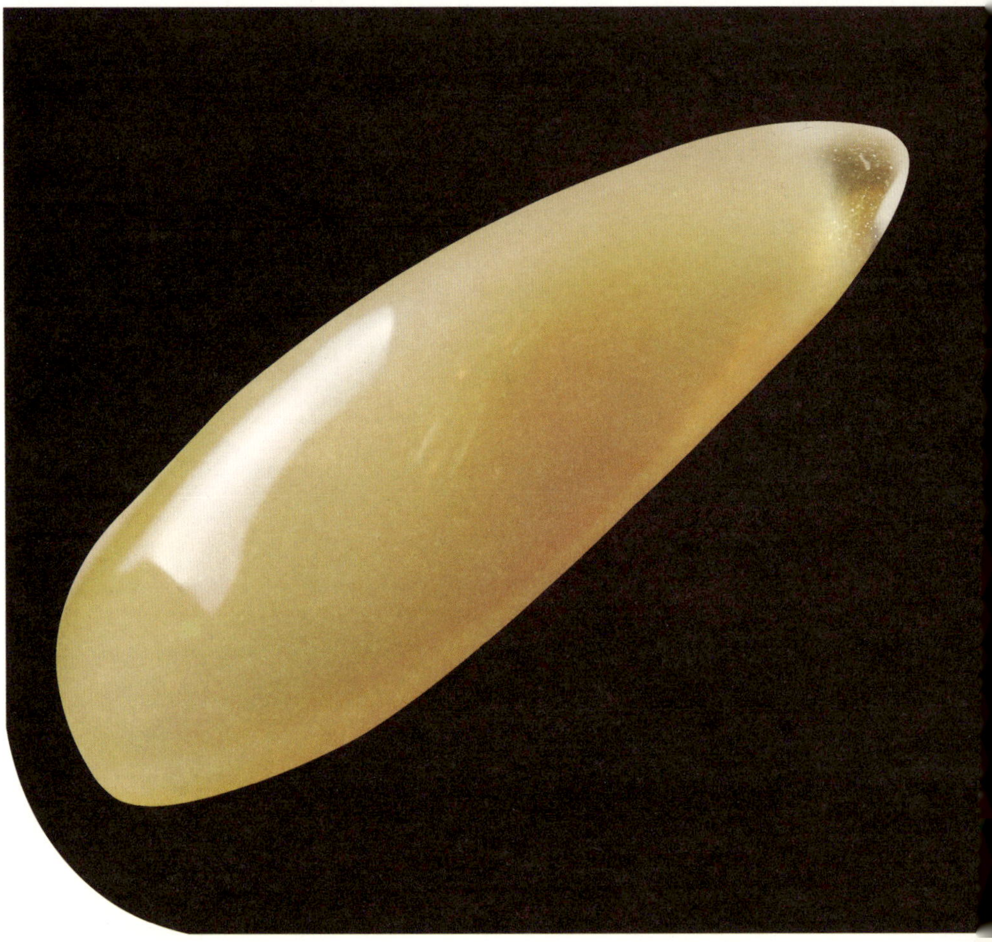

名称：随形

规格：1.7 克

产地：波罗的海

市场参考价：600 元

规格：2.3 克

产地：波罗的海

市场参考价：800 元

名称：随形
规格：2 克
产地：波罗的海
市场参考价：700 元

名称：随形

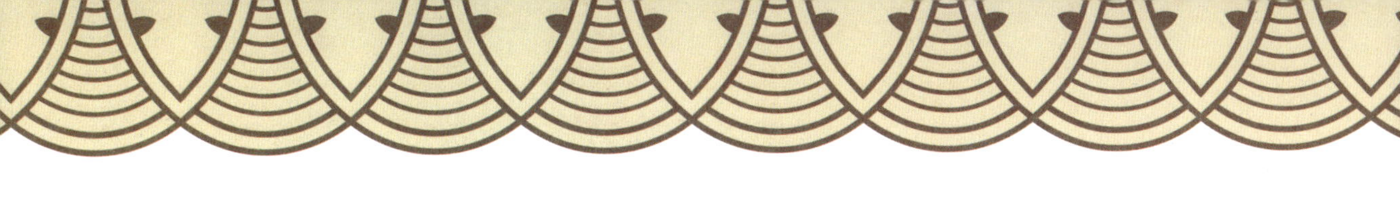

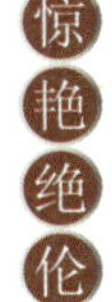

规格：1.8 克

产地：波罗的海

市场参考价：600 元

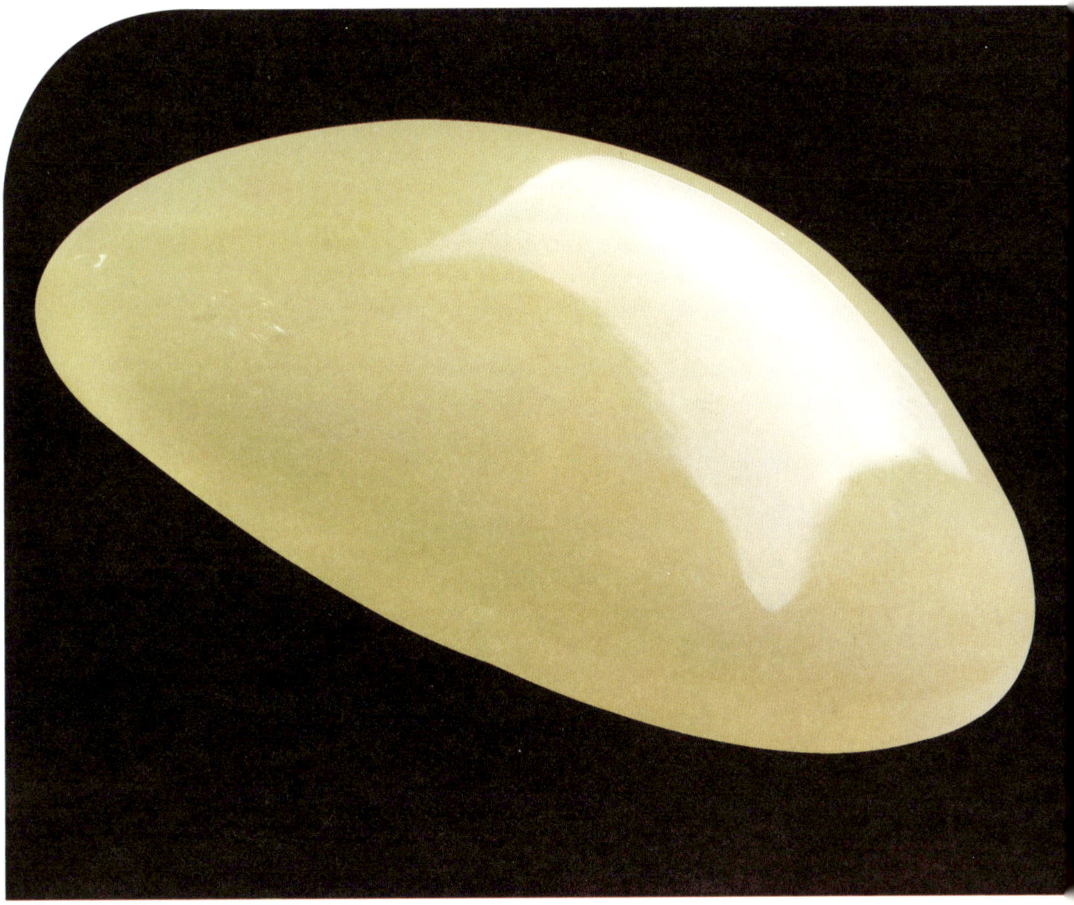

名称：随形

规格：3.5 克

产地：波罗的海

市场参考价：1200 元

名称：随形
规格：2.2 克
产地：波罗的海
市场参考价：800 元

名称：随形

规格：2.2 克

产地：波罗的海

市场参考价：800 元

名称：随形

规格：3.2 克

产地：波罗的海

市场参考价：1100 元

名称：随形

规格：3.8 克

产地：波罗的海

市场参考价：1300 元

名称：随形

规格：3.2 克

产地：波罗的海

市场参考价：1100 元

名称：随形

规格：1.9 克

产地：波罗的海

市场参考价：700 元

名称：随形

规格：2.4 克

产地：波罗的海

市场参考价：860 元

名称：随形

规格：4.8 克

产地：波罗的海

市场参考价：1700 元

名称：福禄

规格：7 克

产地：波罗的海

市场参考价：2500 元

名称：随形

规格：2.9 克

产地：波罗的海

市场参考价：1000 元

名称：随形

规格：2.9 克

产地：波罗的海

市场参考价：1000 元

名称：随形
规格：3.9 克
产地：波罗的海
市场参考价：1400 元

名称：随形

规格：3 克

产地：波罗的海

市场参考价：1000 元

名称：随形

规格：4.2 克

产地：波罗的海

市场参考价：1500 元

名称：随形

规格：4.2 克

产地：波罗的海

市场参考价：1500 元

名称：如意

规格：5.3 克

产地：波罗的海

市场参考价：1800 元

名称：随形
规格：3.1 克
产地：波罗的海
市场参考价：1100 元

名称：随形

规格：4.3 克

产地：波罗的海

市场参考价：1500 元

名称：福禄

规格：8.6 克

产地：波罗的海

市场参考价：3000 元

名称：如意
规格：7.1 克
产地：波罗的海
市场参考价：2500 元

名称：如意

规格：7.2 克

产地：波罗的海

市场参考价：2500 元

名称：貔貅

规格：5.2 克

产地：波罗的海

市场参考价：1800 元

名称：福在眼前

规格：5 克

产地：波罗的海

市场参考价：1800 元

名称：福瓜

规格：7.4 克

产地：波罗的海

市场参考价：2600 元

名称：钱袋

规格：7 克

产地：波罗的海

市场参考价：2600 元

名称：福瓜

规格：7.4 克

产地：波罗的海

市场参考价：2700 元

名称：祥云瑞兽

规格：7.2 克

产地：波罗的海

市场参考价：2600 元

名称：鱼

规格：6.4 克

产地：波罗的海

市场参考价：2200 元

名称：福在眼前

规格：5.2 克

产地：波罗的海

市场参考价：1800 元

名称：如意

规格：5 克

产地：波罗的海

市场参考价：1800 元

名称：福瓜

规格：6.1 克

产地：波罗的海

市场参考价：2100 元

名称：福禄

规格：6 克

产地：波罗的海

市场参考价：2200 元

名称：福瓜

规格：7.2 克

产地：波罗的海

市场参考价：2600 元

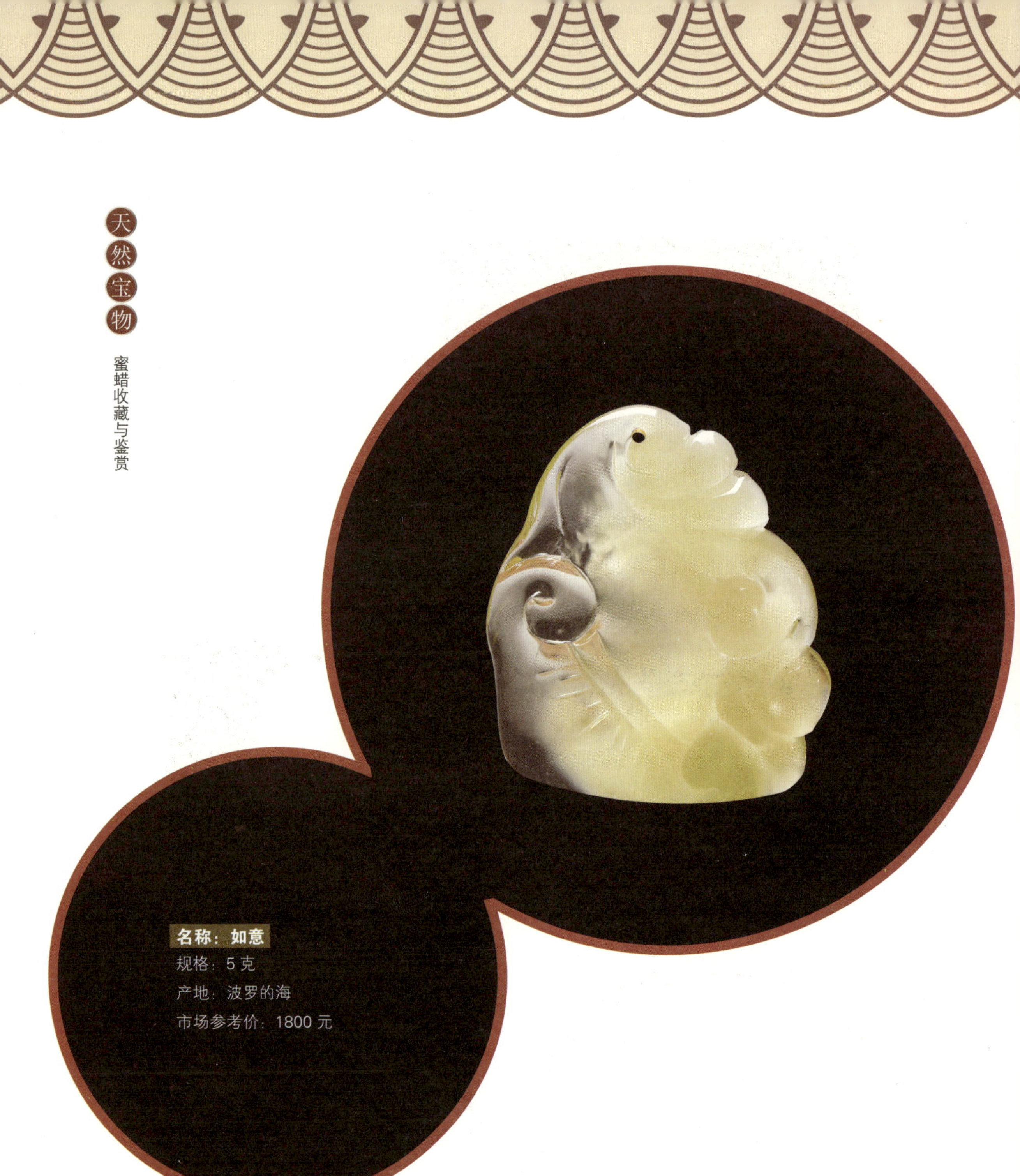

名称：如意
规格：5 克
产地：波罗的海
市场参考价：1800 元

名称：节节高

规格：5.1 克

产地：波罗的海

市场参考价：1800 元

名称：福在眼前

规格：6.3 克

产地：波罗的海

市场参考价：2300 元

名称：福在眼前

规格：5.3 克

产地：波罗的海

市场参考价：1900 元

名称：福在眼前

规格：5.5 克

产地：波罗的海

市场参考价：2000 元

名称：桃

规格：5.3 克

产地：波罗的海

市场参考价：1900 元

名称：福在眼前

规格：5.5 克

产地：波罗的海

市场参考价：2000 元

名称：福瓜

规格：7.6 克

产地：波罗的海

市场参考价：2700 元

名称：福禄

规格：5 克

产地：波罗的海

市场参考价：1800 元

名称：福瓜

规格：5.3 克

产地：波罗的海

市场参考价：1900 元

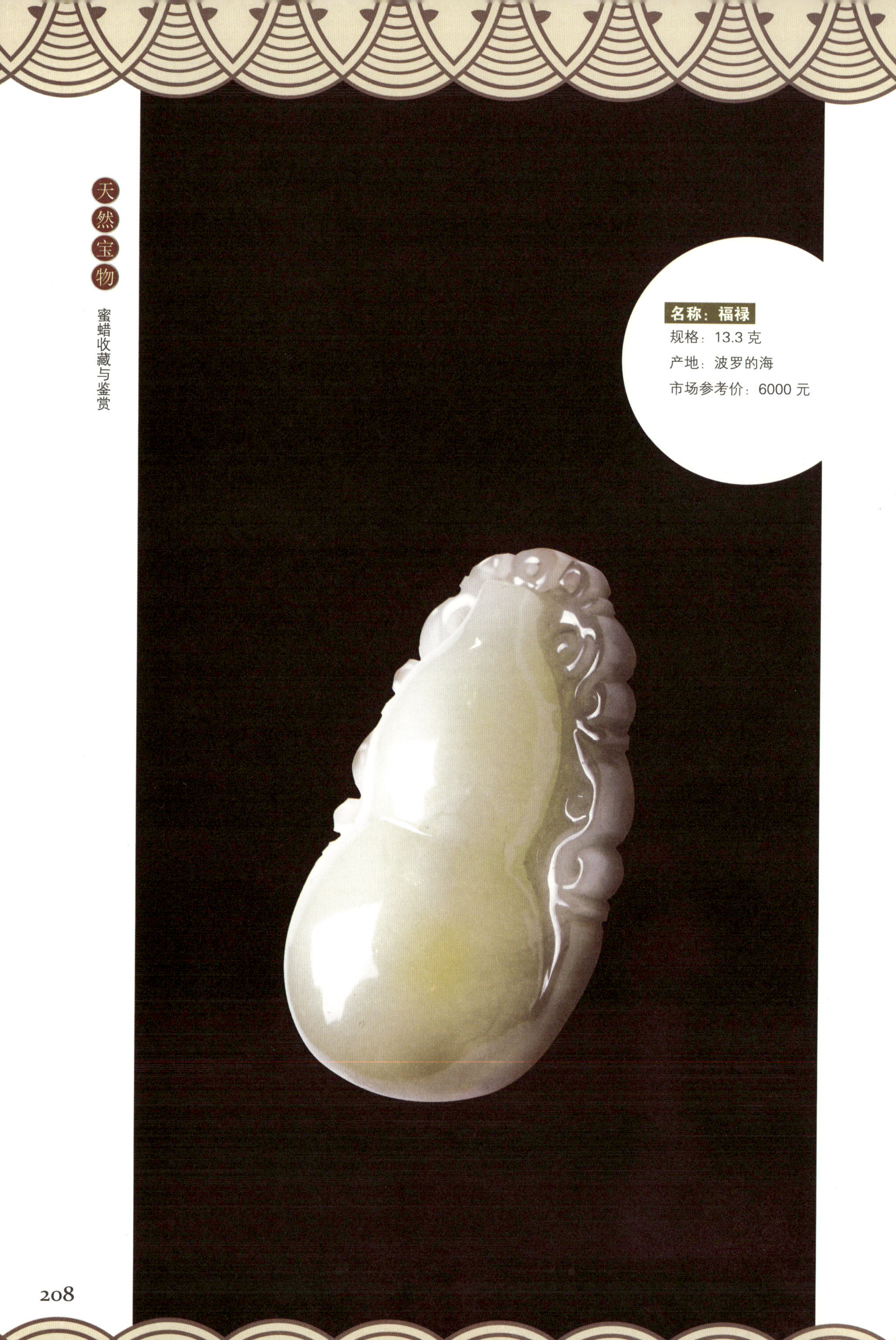

名称：福禄

规格：13.3 克

产地：波罗的海

市场参考价：6000 元

名称：花开富贵

规格：8.2 克

产地：波罗的海

市场参考价：4000 元

名称：弥勒

规格：14 克

产地：波罗的海

市场参考价：8800 元

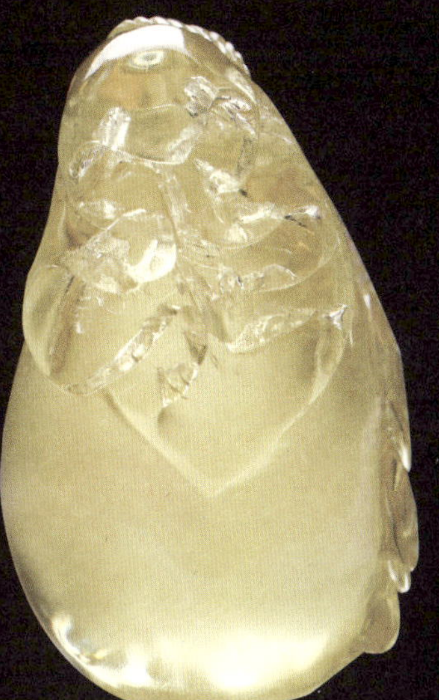

名称：钱袋

规格：17.6 克

产地：波罗的海

市场参考价：7800 元

名称：弥勒佛

规格：13.5 克

产地：波罗的海

市场参考价：8800 元

名称：弥勒佛

规格：13.9 克

产地：波罗的海

市场参考价：8800 元

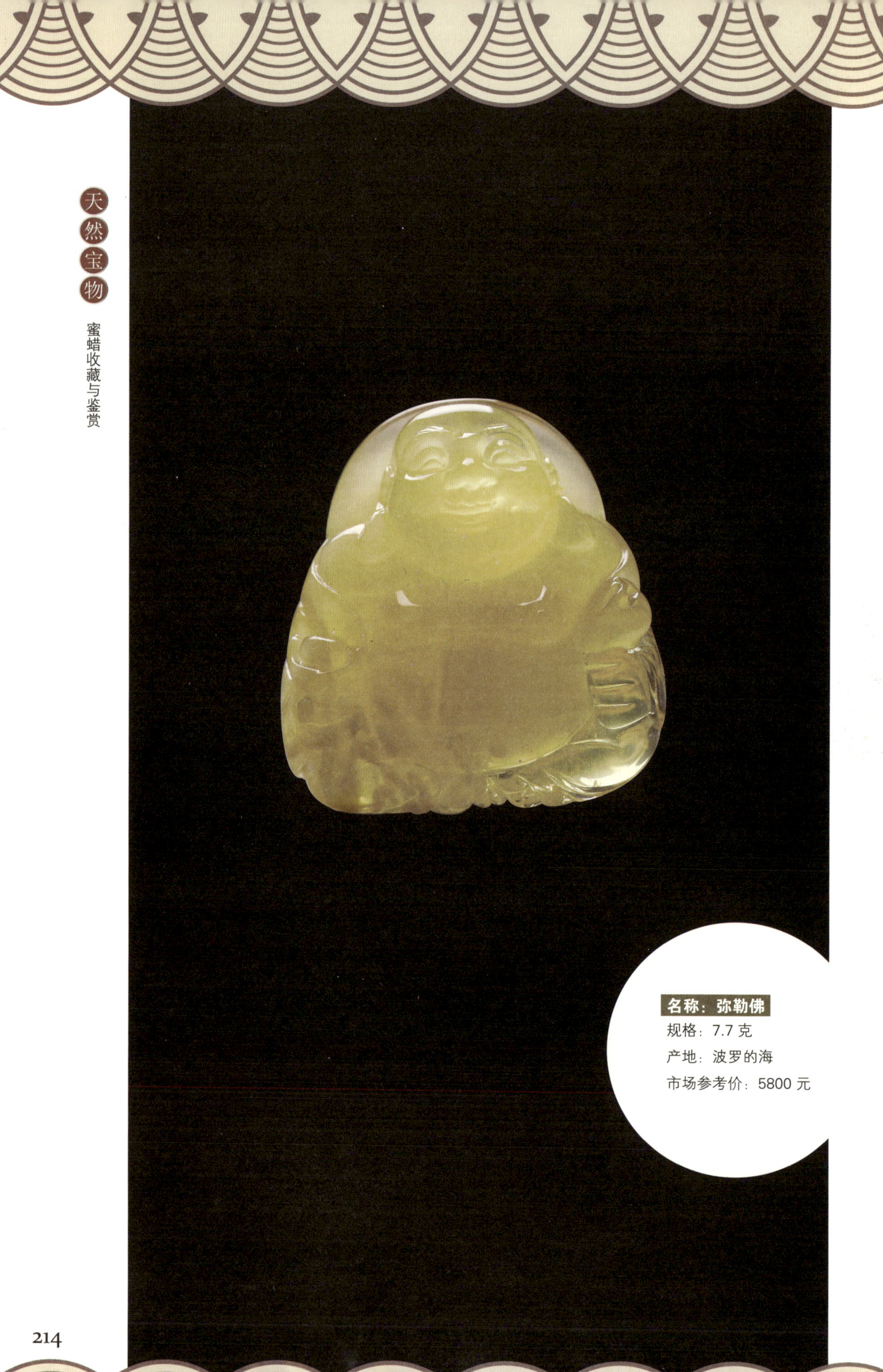

名称：弥勒佛
规格：7.7 克
产地：波罗的海
市场参考价：5800 元

名称：弥勒佛

规格：14.7 克

产地：波罗的海

市场参考价：7800 元

名称：弥勒佛

规格：14.8 克

产地：波罗的海

市场参考价：8800 元

名称：弥勒佛

规格：12.2 克

产地：波罗的海

市场参考价：7800 元

名称：连年有余

规格：15.4 克

产地：波罗的海

市场参考价：7800 元

名称：钱袋

规格：11 克

产地：波罗的海

市场参考价：5800 元

名称：钱袋

规格：17.6 克

产地：波罗的海

市场参考价：8800 元

名称：弥勒

规格：16.9 克

产地：波罗的海

市场参考价：12000 元

名称：弥勒

规格：16.4 克

产地：波罗的海

市场参考价：12000 元

名称：弥勒

规格：17.5 克

产地：波罗的海

市场参考价：12000 元

名称：弥勒

规格：13.8 克

产地：波罗的海

市场参考价：12000 元

名称：连年有余

规格：38 克

产地：波罗的海

市场参考价：26800 元

名称：如意

规格：42.8 克

产地：波罗的海

市场参考价：36000 元

名称：随形

规格：45.7 克

产地：波罗的海

市场参考价：25800 元

名称：年年有余
规格：46.6 克
产地：波罗的海
市场参考价：32000 元

名称：福禄寿
规格：26.9 克
产地：波罗的海
市场参考价：18800 元

名称：连年如意

规格：36 克

产地：波罗的海

市场参考价：26000 元

名称：随形
规格：32 克
产地：波罗的海
市场参考价：19800 元

名称：连年有余

规格：27 克

产地：波罗的海

市场参考价：17800 元

名称：寿桃
规格：42.4 克
产地：波罗的海
市场参考价：22800 元

后记
postscript

在有机宝石当中，蜜蜡是一种非常美丽的宝石。在世界各地，蜜蜡都受到了人们的追捧，因此成为热门的收藏品种。蜜蜡的外表温和细腻，质地莹润多姿，佩戴蜜蜡的饰品还对人体的健康有益，很多朋友都怀着兴趣开始收藏蜜蜡。

蜜蜡的质地温润，粗看之下有玉石的感觉，十分美丽。不但如此，蜜蜡还有许多种颜色，不同色彩的蜜蜡各具特色，其中最常见的是黄色蜜蜡。天然的蜜蜡可能会有一些不足的地方，可是经过优化，蜜蜡的美丽得以百分之百地释放出来。现在市场上的优质蜜蜡价格不菲，老蜜蜡更是因为承载着时间和历史而成为很多蜜蜡收藏爱好者的最爱，因此价格更高。

蜜蜡虽好，但是收藏不易。很多宝石的收藏市场都是鱼龙混杂的，蜜蜡也不例外，这种宝石在市场上的仿冒品多如牛毛。很多不法商贩利用硬树脂、松香、柯巴树脂，甚至是玻璃、玉髓进行仿冒，这给收藏爱好者们的选购带来了极大的干扰。

正是为了让收藏爱好者们能够更好地进行蜜蜡的选购和投资，我们特编著了本书。在图书编著过程中，我们一行人特意前往天津河西区徽州道福至里，拜访了蜜蜡的专业经营机构——磐金阁。在向经理李津成先生道明来意后，李先生欣然接受了我们的请求，并带我们参观店内的藏品，而且还详细讲述了很多蜜蜡的知识。参观结束后，李先生提供了一大批精美的蜜蜡图片，供我们编撰本书时使用。正是因为有了磐金阁的大力支持，本书才得以最终编著完成，品质才得以进一步提升，在这里我们再次向李先生表示真挚的感谢！

相信读者朋友们在读完本书后，对蜜蜡的收藏会有更深层次的理解，我们也期待和读者朋友们做进一步的交流！

天然宝物：蜜蜡收藏与鉴赏

编委会